NURSE

Erinnerungen einer Krankenschwester

Wally Klee

Die Deutsche Bibliothek - CIP-Einheitsaufnahme

Nurse - Erinnerungen einer Krankenschwester
Hrsg.: Wally Klee
- Bretten: WMV, 2000
ISBN 3-9806510-4-5

Satz, Gestaltung und Litho
WMV Werbung • Marketing & Verlag GmbH
Druck und Verarbeitung
Esser Druck, Bretten

© 2000
WMV Werbung • Marketing & Verlag GmbH Bretten

Inhaltsverzeichnis 3

Das große Abenteuer Kanada konnte beginnen. Um mich herum herrschte emsiges Treiben. Neugierig beobachtete ich die Passagiere der ankommenden oder abfliegenden Flugzeuge. Da sah ich Szenen des Abschiedes mit Tränen in den Augen, freudige Wiedersehen, die sich in strahlenden Gesichtern widerspiegelten, hier Liebende, die sich eng umschlungen Lebewohl sagten, dort einen Kavalier, der seiner Angebeteten mit einem Blumenstrauß entgegeneilte. Das alles fand ich aufregend und faszinierend an diesem Frühlingstag auf dem Frankfurter Flugplatz.

Draußen war es sonnig. Der Winter hatte sich endgültig verabschiedet. Die Menschen sehnten sich nach den langen grauen Wintermonaten nach Sonne und Wärme, und dieses freundliche Wetter tat allen gut.

Von der Wartehalle aus, in einem bequemen Sessel sitzend, schaute ich den Flugzeugen beim Start oder bei der Landung draußen auf der Rollbahn zu. Es beeindruckte mich, wie diese großen Flieger sich schwerfällig vom Boden erhoben. Gespannt verfolgte ich die ankommenden Maschinen, deren Scheinwerfer schon von weitem zu sehen waren, und die wenig später fast behutsam auf der Piste aufsetzten. Aber ich fühlte mich in dieser Zeit des Wartens doch sehr traurig. Niemand war bei mir, um mich zu verabschieden. Tapfer unterdrückte ich die Tränen.

Der Aufruf für meinen Flug tönte aus dem Lautsprecher. Erregt sprang ich auf und wandte mich zum Einchecken an einen der Schalter. Ich spürte das Glühen in den Wangen. "Ihr Flugtikket und das Visum bitte!" In meiner Tasche war alles griffbereit geordnet. Mit zitternden Händen zog ich die Papiere heraus und reichte sie der freundlich blickenden Angestellten am Schalter. Sie schaute das Flugticket an, konsultierte noch jemand anderen vom Flugpersonal und mußte mir dann eine enttäuschende Mitteilung machen. Das Reisebüro hatte den Flugpreis nicht korrekt berechnet, und ich mußte nun nachzahlen. Von dem wenigen gesparten Geld blieb nicht mehr viel übrig. "Haben Sie Gepäck?" "Ja, einen Koffer", erwiderte ich, stellte ihn auf die Waage und schon rollte er auf dem Fließband aus meiner Sichtweite. Bei mir trug ich nur eine kleine Tasche als Handgepäck. Sie war etwas geöffnet. Zwei große rote Äpfel lagen darin und lachten mich an. Meine Zimmerkameradin hatte sie mir beim Abschied geschenkt und lächelnd hinzugefügt: "Iss einen deutschen Apfel über den Wolken!" Mein Flugzeug wurde beladen. Einzeln wurden die Koffer durch eine Luke geschoben. Erstaunlich, wie viel in diesem Rumpf verschwinden konnte. Das Flugzeug hatte vier große Propeller. Es wirkte auf mich wie ein gewaltiger Albatros mit vier Augen. Jetzt wurden die Passagiere aufgerufen. Ein leichtes Drängeln begann. Jeder wollte der Erste sein. Doch mit freundlichen Anweisungen hatte das Flugpersonal bald alles im Griff. Mein Herz raste vor Aufregung. Im Flugzeug empfingen uns die Stewardessen in ihren dunkelblauen Kostümen, hellen Blusen und schicken Hütchen. Ich bekam einen Fensterplatz direkt vor der Tragfläche, so dass ich während des Fluges die Motoren beobachten konnte. Und während die anderen Passagiere einstiegen und ihre Plätze einnahmen, begannen meine Gedanken zu kreisen. Worauf ließ ich mich da ein? Ich flog nach Kanada ohne einen kanadischen Dollar in der Tasche und ohne ein Wort Englisch zu sprechen. In meiner Heimatschule hatte ich nur Russisch gelernt. Auf dem Sitz neben mir nahm ein junges Mädchen Platz. Schüchtern tauschten wir die ersten Sätze aus. Ich erfuhr, dass es nach Vancouver fliegen wollte um zu heiraten. Ihr Verlobter lebte schon seit einem Jahr in Kanada. An der Leuchttafel wurden nun die Passagiere aufgefordert, das Rauchen einzustellen und die Gurte anzulegen. Die Gurte klickten. Angespannt schauten wir durch die kleinen ovalen Fenster hinaus. Nun starteten die Motoren. Es wurde beängstigend laut. Das Flugzeug wurde durchgerüttelt. Meine Hände umklammerten krampfhaft die Lehne des Sitzes. Meine Nachbarin saß mit geschlossenen Augen ganz starr neben mir. Ich fühlte, dass sie auch Angst hatte. Die Maschine hob ab. Die Häuser wurden immer kleiner, und nun sah ich das Land aus der Vogelperspektive. Vor uns lag ein schneeweißes Wolkenkissen. Wir flogen in diese Wolkenwand hinein, konnten nichts mehr sehen, nicht einmal die Tragflächen des Flugzeuges. Lange Minuten dauerte es, bis uns endlich der stahlblaue Himmel begrüßte. Nun schwebten wir über den Wolken. Die geplante Flughöhe war erreicht; gleichmäßig dröhnten die Motoren und die Propeller rotierten mit immenser Geschwindigkeit.

Meine Nachbarin begann von Kanada zu sprechen, was uns dort wohl erwarte und wie das Wetter sein würde. Die Stewardessen erkundigten sich freundlich nach unserem Wohlbefinden. Ich lehnte mich zurück, schloss die Augen, fühlte mich ganz entspannt und dachte: ”Mein Traum geht in Erfüllung - ich fliege nach Nordamerika.”

Meine Gedanken flogen zu den Eltern und meinem Bruder. Der Abschied von ihnen lag mir schwer auf dem Herzen. Einige Wochen vor meinem Abflug, im Frühjahr 1958, erwartete ich meine Familie im geteilten Berlin. Sie kam heimlich aus dem östlichen Teil Deutschlands angereist. Wir trafen uns bei Freunden und verbrachten zwei Tage gemeinsam. Viel zu schnell vergingen diese Stunden. Der schwere Abschied nahte. Immer wieder hielt mein Bruder meine Hand, drückte sie behutsam. Wir wussten nicht, ob es ein Abschied für immer sein würde. Schon jetzt hatte uns die Grenze durch Deutschland getrennt. Nun wollte ich gar auf einen anderen Kontinent. Mein Vater zog mich fest an seine starke Brust, schaute mich an und begann: ”Schnörzelchen”, (nur er gebrauchte diesen Kosenamen für mich) ”sei stark! Wir vertrauen dir, enttäusche uns nicht!” Meiner Mutter

8

standen dicke Tränen in den Augen. Wortlos umarmte sie mich immer wieder. Und noch lange spürte ich den Händedruck meines geliebten Bruders. Vater gab mir bei dieser Verabschiedung ein selbstgefertigtes Geschenk, das ich dem Fürstenpaar im Namen meiner Eltern und einiger Freunde aus unserem Heimatort zur Silberhochzeit überreichen sollte.

Das monotone Geräusch der Motoren, aber wohl auch der Duft des Essens rissen mich aus meinen Gedanken. Die Stewardessen servierten die verschiedensten Getränke, die Wahl fiel mir schwer. Ich beobachtete die jungen Frauen, und es beeindruckte mich sehr, wie schnell und geschickt sie servierten. Die schmalen, mit kleinen Tabletts vollgestopften Wärmewägelchen passten genau in den Gang zwischen den Sitzreihen. Wie staunte ich erst über das hervorragende Menü, das uns auf diesen winzigen Tabletts gereicht wurde. Alles war platzsparend angerichtet. Ich hatte großen Appetit und es schmeckte mir vorzüglich. Nach dem Essen kamen die Stewardessen noch einmal mit dem Getränkewagen und Naschwerk. Wir wurden bestens versorgt. Anschließend drängten sich die Leute auf dem Gang, um die wenigen Toiletten zu stürmen. Man verkürzte sich die Wartezeit, indem man ungezwungen miteinander plauderte.

Der Blick aus dem Fenster war immer wieder atemberaubend: der unendliche strahlend blaue Himmel. Meist waren Wolken unter uns. Jetzt, als sich die Wolkendecke auflöste, sah ich das Meer und riesige Eisberge. Der Kapitän informierte uns, dass wir über Grönland und Baffineiland fliegen würden. Der Anblick dieser gewaltigen Eislandschaft ließ mich erschauern.

Unsere erste Zwischenlandung sollte im Osten Kanadas sein. Nach vielen Flugstunden über Wolken und Meer sichteten wir in der Ferne Land. War das Kanada? Die Spannung wuchs in mir. Wolken türmten sich zu ständig wechselnden Figuren, segelten an uns vorüber, verdeckten immer wieder den Blick. Aber dazwischen sah ich die Landschaft näher kommen. Was für ein tiefes Verlangen hat doch der Mensch nach der Erde! Auch meine Nachbarin war sehr erregt. Die Baumwipfel waren schon deutlich zu erkennen. Ich fand es beängstigend, wie lange wir so dicht über den Bäumen flogen. Endlich setzte die Maschine sicher auf einem Rollfeld auf. Aber welche Überraschung: Es war nicht Kanada. Wir waren wegen Treibstoffmangels auf einem USA-Flughafen notgelandet. Das Flugpersonal wirkte trotz dieser Situation ruhig und ausgeglichen, informierte uns, dass während des ganzen Fluges starker Gegenwind geherrscht hatte und es so zu dem Treibstoffmangel gekommen sei. Nach dem Auftanken setzten wir unseren Flug in Richtung Vancouver fort. Schon bald nach dem Start servierten uns die Stewardessen ein landesübliches Menü: Grillsteak mit Folienkartoffel. Wie sollte man das denn essen, die Kartoffel so schön eingepackt, aber noch mit Schale? Wir schauten uns fragend an, wir aßen, ob die Art und Weise korrekt war, wussten wir nicht.

Immer wieder warf ich einen Blick durchs Fenster. Die Landschaft unter uns veränderte sich schnell. Sie glich jetzt einem Teppich aus bunten Quadraten, unterbrochen von großen Seenplatten. Ich erahnte die unendliche Weite dieses Landes. Meine Gedanken eilten zu Chris, die mich in British Columbia erwartete. Endlich sollten wir uns wiedersehen! Ich dachte zurück an unsere gemeinsame Schülerinnenzeit im Krankenhaus in Trier.

Mit sechzehneinhalb Jahren, ziemlich schüchtern und etwas verloren wirkend, wurde ich als Vorschülerin in jenem Krankenhaus eingestellt. Die Krankenpflegeschule konnte man erst mit achtzehn Jahren beginnen. Die Oberschwester empfing und begrüßte mich freundlich. Sie war eine stattliche, vollbusige ältere Dame. Sie trug ein graues Kleid, darauf eine leuchtend weiße Schürze. Im Kontrast dazu trug sie dunkle Strümpfe und schwarze glänzende Schuhe. Auf ihrem grauen gepflegtem Haar sass die Haube, damals Zeichen einer Krankenschwester. Mit ihrer ganzen Erscheinung flößte sie mir großen Respekt ein. Bald merkte ich, dass sie mir fürsorglich in meiner Entwicklung half und immer wieder versuchte, mir den rechten Weg zu weisen. Sie wusste, dass ich durch die Grenze von meinen Eltern getrennt war, aber in meinem damaligen Alter noch eine schützende Hand und guten Rat brauchte. Sie konnte sehr energisch sein, aber immer mit Herz. Ich empfand eine tiefe Zuneigung zu ihr. Noch viele Jahre war sie in meinen Gedanken, wurde ich durch meinen Beruf an sie erinnert.

Es war mein Wunsch gewesen, mit Säuglingen zu arbeiten und vielleicht einmal Säuglingsschwester zu werden. Das kam wohl auch daher, dass ich im letzten Jahr in der Heimat häufig meine Großmutter im Krankenhaus besuchen musste. Damals machten mir kranke Menschen Angst und der Äthergeruch im Krankenhaus verfolgte mich. Nun stand ich klopfenden Herzens und mit geröteten Wangen auf dieser Krankenstation. Vor mir lag der lange Flur mit dem glänzenden, nach Desinfektionsmitteln riechenden Fußboden und den vielen Zimmertüren. Schwestern verschiedenen Alters waren emsig bei der Arbeit. Ich hörte sie miteinander reden und auch lachen. Hier begann meine Arbeit, meine ersten Schritte zu dem Beruf, den ich erwählt hatte. Es war eine gemischte Station. In den Zimmern standen zwei, drei oder auch vier Betten. Dank der Fürsorge der Stationsschwester und der anderen Schwestern mir gegenüber überwand ich bald die anfängliche Angst. Ich war die jüngste Mitarbeiterin im Haus.

Kranken Menschen zu helfen, begann mir Freude zu bereiten, obwohl es lange und anstrengende Arbeitstage waren. Sie begannen um sieben Uhr. Dann hatte ich schon dreißig Minuten Fußweg von der Wohnung zum Krankenhaus hinter mir. Außerhalb der Mahlzeiten war es kaum möglich, eine kleine Pause einzulegen. Den Patienten wurde das Frühstück serviert. Einigen musste auch beim Essen geholfen werden. Danach wurden die Patienten wieder richtig gelagert, die Nachttische gesäubert und das Geschirr gespült. Die Schwesternschülerinnen und ich waren vormittags fast ausschließlich mit Reinigungsarbeiten beschäftigt. Aber nachmittags bekam ich auch Gelegenheit zur Pflege oder wurde zum Bettenmachen eingesetzt. Nach dem Abendessen endete mein Arbeitstag. Abends im Bett, wenn ich zur Ruhe kam, beschlich mich das Heimweh, erschöpft und mit Tränen in den Augen schlief ich dann ein.

Besonders gern arbeitete ich mit Rita, einer Schülerin im zweiten Lehrjahr. Sie war ein fröhlicher Mensch, immer guten Mutes. Sie erläuterte mir alle anstehenden Arbeiten und zeigte mir gewissenhaft die Handgriffe, wie man Patienten das Essen reicht, sie bettet und vieles mehr.

Schon bald wurde ich bei meiner Arbeit mit dem Tod konfrontiert. Einer mir lieb gewordenen Patientin, die mich sehr an meine Großmutter erinnerte, ging es seit Tagen schlecht. Trotz ärztlicher und pflegerischer Bemühungen verbesserte sich ihr Zustand nicht. Ich fühlte, dass Schlimmes bevorstand und verbrachte jede freie Minute bei ihr. Sie lag blass in ihren Kissen, die Augen voller Trauer. Sie war stark abgemagert, das Essen schmeckte ihr nicht mehr. Ihre Hände strichen unruhig über die Bettdecke, und oft hielt ich diese zarten gebrechlichen Hände fest in den meinen. Es fiel mir schwer, von ihr wegzugehen und meine Arbeit in den anderen Patientenzimmern zu erledigen. Dann, beim Wiedereintreten in ihr Zimmer, blickte sie mir nicht mehr lächelnd entgegen. Bleich und ruhig lag sie mit geschlossenen Augen da. Instinktiv spürte ich, dass etwas Außerordentliches geschehen war. Ich stürzte zum Bett und nahm ihre Hand, die nun leblos und feucht war. Mit tränennassen Augen holte ich Hilfe. Meine Patientin war tot. Ich saß noch eine Weile an ihrem Bett und betrachtete sie. Ihr Gesichtsausdruck war entspannt und friedlich. Da wusste ich, dass ihr der Tod keine Schmerzen bereitet hatte und Angst und Entsetzen wichen plötzlich von mir.

Einige Monate arbeitete ich bereits im Krankenhaus. Die Tätigkeit forderte mir viel Konzentration ab und war für mich körperlich sehr anstrengend. Aber ich bereute meine Entscheidung nicht. Im Gegenteil, die Begeisterung für den Beruf war in dieser Zeit sogar gewachsen. Sicher hatten die Schwesternschülerinnen Rita und Chris auch ihren Anteil daran. Ich mochte sie beide, obwohl sie sehr verschieden waren. Rita war groß und kräftig und immer zu Scherzen aufgelegt. In ihrer Nähe wurde gelacht. Von ihr lernte ich, wie wichtig ein fröhliches Wesen für den Umgang mit den Patienten sein kann. Sie hatte wunderschönes langes dunkelblondes Haar, das sie unter der Haube zu einem Knoten gebunden hatte. Wenn sie in ihrer Freizeit mit offenem Haar durch die Straßen ging, schaute ihr so manches Augenpaar nach. Chris hingegen war eine kleine zierliche Person, die einen trockenen Humor besaß. Ihr Gesicht strahlte Güte aus. Sie hatte viel Kraft in ihren Händen, konnte aber mit ihnen auch sehr zärtlich sein. Ich bewunderte ihre Geduld im Umgang mit den Patienten. Sie war mir darin Vorbild.

Eines Tages unterbreitete mir die Oberschwester das Angebot, die praktische und theoretische Ausbildung als Vorschülerin in Bad Homburg zu machen. Sie sei überzeugt, dass ich mich sehr gut eigne, Krankenschwester zu werden. Selbstverständlich nahm ich das Angebot an. So kam ich ins Mutterhaus des Roten Kreuzes nach Bad Homburg v.d. Höhe. In diesem Hause erhielt ich meine Ausbildung, die sehr streng war. Gehorsam und Pflichtbewusstsein waren oberstes Gebot.

Mit dem Putzen fing die praktische Ausbildung an. Auf der Stufenleiter nach oben ging es im zweiten Abschnitt über den Küchentrakt. Hier erhielten wir Einblick in die Koch- und Backkunst und hörten Vorträge über Diäten. Mit der Küchenschwester stand ich von Anfang an auf Kriegsfuß. Sie war eine sehr voluminöse und derbe Frau, die wie eine Königin das Zepter in der Küche schwang. Nicht selten erteilte sie widersprüchliche oder ungerechte Anweisungen, denen ich mich öfter widersetzte. Saß ihre Haube schief auf dem Kopf, wussten wir, dass sie mal wieder schlechte Laune hatte. Sehnsüchtig wartete ich auf den Wechsel zur Ausbildung auf der Station. Endlich war es so weit, und ich hatte den Ärger in der Küche schnell vergessen. Da ich bereits in Trier auf Station gearbeitet hatte, war nun mein Vorsprung gegenüber meinen Mitschülerinnen erheblich. Nach bestandenem Examen als Vorschülerin durfte ich mit siebzehn Jahren im Frühjahr 1955 meine Ausbildung als Schülerin der Krankenpflege in Trier aufnehmen. Ich freute mich sehr. Aber immer quälte mich das Heimweh. Ich vermisste meine Eltern. Ich sehnte mich nach Gesprächen mit ihnen, wünschte mir, dass der Vater die schützenden Arme um meine Schultern legt. Er, groß und kräftig, strahlte immer so viel Ruhe aus. Ich bewunderte ihn, weil er trotz einer Unfallverletzung an der rechten Hand die schönsten Kunstschmiedearbeiten herstellen konnte. Ich glaube, dass sich seine innere Ruhe und Ausgeglichenheit in den kleinen Kunstwerken widerspiegelte. Eine besondere Gabe hatte er auch darin, uns Kindern die Natur nahe zu bringen. Er legte uns Würmer, Käfer oder auch mal einen Maulwurf in die Hand, damit wir uns nicht fürchteten, diese Geschöpfe anzufassen, aber auch, dass wir sie nicht achtlos töteten. Mutti war eine energiegeladene, aber zierliche Person, die viel Mut hatte. Durch ihr lebenslustiges offenes Wesen und ihr Temperament war sie überall beliebt. Mir fehlte sie sehr. Ich hätte doch oft ihren Rat gebraucht. Ich vermisste auch das liebevolle Geplänkel mit meinem um vier Jahre jüngeren Bruder. So fühlte ich mich häufig sehr einsam.

Die Jahre als Schwesternschülerin in Trier waren trotzdem gute und lehrreiche Jahre. Es herrschte ein strenges Regiment. Und um abends mal auszugehen, waren wir meist zu müde. Um sechs

Uhr begann der Arbeitstag. Um die Mittagszeit hatten wir zwei Stunden frei, manchmal aber auch Schule und danach wieder Dienst bis zum späten Abend. Wöchentlich gab es einen freien Tag. Den nutzten wir, um richtig auszuschlafen, am Tage etwas zu unternehmen und natürlich auch zum Lernen. Wir waren alle intern untergebracht, keine war verheiratet. Unser Leben gehörte dem Krankenhaus und den Patienten. Diese waren oft unsere Verbündeten, wurden in kleine Geheimnisse eingeweiht und freuten sich mit uns, wenn wir mal wieder einen Streich gespielt hatten. Wir Schwesternschülerinnen waren eine fröhliche Gemeinschaft.

In dieser Nachkriegszeit war im Krankenhaus noch vieles primitiv. Das betraf vor allem die Geräte für Behandlungen und Röntgen. Alte Tragen gab es und für die Patienten zum Teil nur Feldbetten. So kam es schon mal vor, dass ein Patient mit dem Bettrost durchbrach und auf dem Fußboden landete. Dem Haus stand nur wenig Geld zur Verfügung. Es gab auch keine Prosektur innerhalb des Hauses. War ein Patient verstorben, musste er über den Wirtschaftshof zum Leichenhaus getragen werden. Diese Arbeit hatten die Schülerinnen zu machen. Der Leichnam wurde dann feierlich und achtungsvoll aufgebahrt, mit einem weißen Laken zugedeckt und mit Weinranken geschmückt. Dann wurden zwei Kerzen angezündet. Das gesamte Leichenhaus war mit Wein bewachsen, es wirkte wie ein Ort des Friedens. Aber für uns Schüler blieb es eine schwere Arbeit, die auch vielen Angst machte. So musste ich in den Abendstunden eines Sommertages gemeinsam mit einem Schüler eine Verstorbene auf einer Trage über den Hof in das Leichenhaus bringen. Drinnen war es dämmrig. Es brannte nur eine kleine Glühbirne. Es lag bereits ein Toter im Raum. Wir waren innerlich erregt und hatten Angst. Wir begannen die Tote zu schmücken. Ich stand am Fußende und legte Weinblätter aufs Tuch. Die Hände der Toten lagen gefaltet wie zum Gebet auf dem Laken. Nur das Rascheln der Blätter war in dieser Stille zu hören. Plötzlich stieß mein Mitschüler einen Schrei aus: „Sie hat mich geschlagen!" Mit wehendem weißen Kittel, wie wir ihn für diese Tätigkeit tragen mussten, rannte er auf den Hof. Er schrie noch immer, wie im Schock. Aus Angst folgte ich ihm. Personal, aufgeschreckt durch dieses Geschrei, kam uns entgegengerannt, um aufzuklären, was Entsetzliches geschehen wäre. Es stellte sich dann heraus, dass mein Mitschüler versehentlich gegen die Bahre gestoßen war. Dadurch hatte sich die gefaltete Hand gelöst und der Arm war seitlich an der Bahre heruntergefallen und hatte das Gesicht des Schülers berührt.

Die Jahre der Ausbildung hatten mich ernster und reifer werden lassen. Mit Chris, der älteren Schülerin, verband mich Freundschaft. Nach dem Staatsexamen ging sie aber nach Schweden und arbeitete dort in einem Krankenhaus. Sie lernte einen deutschen Mann kennen und heiratete ihn bald. Die Eheleute wanderten nach Kanada aus und schlugen ihre Zelte in dem wunderschönen Landstrich British Columbia auf. Ich hatte eine Patentante in New York, bekam regelmäßig von ihr Post und fühlte mich durch sie schon immer mit Amerika verbunden. Sie regte auch an, dass ich nach der Ausbildung zu ihr kommen sollte. Interesse für fremde Länder hegte ich schon als Schulkind. Der interessante Unterricht meines Lehrers hatte in mir Neugier geweckt. Bereits damals wusste ich, dass mich mein Weg irgendwann nach Amerika führen würde. Meiner Tante ging es gesundheitlich nicht gut, und sie bat mich, so bald wie möglich zu ihr zu kommen. Wenige Wochen vor meinem Examen erhielt ich die Nachricht von ihrem Tod. Da ich fest entschlossen gewesen war, zu ihr nach Amerika zu gehen, wollte ich nun auch nicht in Deutschland bleiben. Ich fühlte mich hier genau so fremd wie anderswo auch. Ich erkundigte mich bei Chris, ob es für mich in Kanada eine Arbeitsmöglichkeit gäbe. Chris war von meiner Idee begeistert und leitete alles Notwendige in die Wege.

Als mir mein Diplom ausgehändigt wurde, besaß ich auch das Flugticket für Kanada. Es wurde von dem Krankenhaus bezahlt, in dem ich meine Arbeit aufnehmen wollte. Chris hatte mir geschrieben, dass ich in Vancouver von einem deutschen Ehepaar abgeholt würde. Dieses würde mich auch zum Zug begleiten, der mich zum Ziel meiner langen Reise, nach Bralorne, der Goldgräberstadt tief im Busch, bringen würde. Wie mochte diese Stadt aussehen? Was erwartete mich dort?

Die Stimme des Flugkapitäns riss mich aus meinen Träumen. Ich war ganz durcheinander. Ich brauchte einige Momente, bis ich mir bewusst war, wo ich mich befand. Man sagte uns, dass wir gerade über die schneebedeckten Rocky Mountains fliegen. Was für ein atemberaubender Anblick! Ein gewaltiges Bergmassiv lag unter uns, bedeckt mit den schönsten Schneekronen. Tief unten in den Tälern schimmerten grüne Wiesenteppiche.

Um uns wurde es dunkel. Da erblickten wir das Lichtermeer von Vancouver. Ich staunte über die Größe dieser Stadt. Begeistert schaute ich hinunter auf sie, sah auch erleuchtete Schiffe im Hafen liegen. Wir konnten es kaum erwarten, unsere Füße auf den Boden dieser Stadt zu setzen. Da hatte die Maschine auch schon das Rollfeld berührt, zog ihre Runde. Wir waren am Ziel.

Meine Nachbarin wurde von zwei jungen Männern abgeholt, ich stand wartend in der Flughalle. Es kam niemand, mich abzuholen. Was war geschehen? Natürlich, durch unsere außerplanmäßige Zwischenlandung kamen wir mit großer Verspätung nach Vancouver. Der mit Chris vereinbarte Zeitplan war durcheinander geraten. Einer der jungen Männer hatte beobachtet, dass ich immer noch allein und hilflos in der Flughalle stand. Gemeinsam mit meiner Reisegefährtin und ihrem Begleiter kam er nun auf mich zu. Die drei machten mir den Vorschlag, mit ihnen zu kommen und nicht länger hier allein zu warten. Auf dem Parkplatz stand ein Straßenkreuzer, in dem wir alle bequem Platz fanden. Ich versank förmlich in meinem Sitz. Solche Autos kannte ich bisher nur aus Filmen.

Nach einem ausgiebigen Frühstück luden uns die netten Burschen am nächsten Tag ein, das wunderschöne Vancouver zu besichtigen. Ich war erstaunt, so viele saubere und blühende Gärten zu sehen. Wir fuhren zum Stanley-Park, sahen die geschnitzten und bunt bemalten Gedenkpfähle der Indianer, die Totem Poles, die auf mich oftmals beängstigend wirkten. Dann erreichten wir den Prospekt Point, einen einzigartigen Aussichtspunkt. Vor uns lag das Meer, der Pazifik. Eine leichte Brise blies zu uns herauf. Ich spürte auf den Lippen einen leichten Salzgeschmack. Segelschiffe zogen vorbei. Mit prächtig gefüllten Segeln ritten sie stolz durch die Wellen. Die großen Frachtschiffe wirkten dagegen wie behäbig schwimmende Riesen. Unser Blick schweifte hinüber zu den schneebedeckten Gipfeln der Grous und der Seymourberge, dem Skigebiet von Vancouver. Es war ein malerischer Anblick. Unsere Begleiter erklärten uns, dass es hier möglich sei, innerhalb einer halben Stunde vom Baden im Meer zum Ski fahren in die Berge zu kommen. Zwei beeindruckende Tage verbrachte ich in der Stadt mit ihren bunten schönen Häusern. Ich lernte auch noch das östlich der Stadt gelegene Tal, the Fraser Valley, kennen mit seinen grünen und blühenden Farmen. Doch die Sorge um meine Weiterfahrt bedrückte mich. Ich wollte und musste doch nach Bralorne.

Die jungen Leute beruhigten mich, sie würden mich schon zum richtigen Zug bringen. Von Chris wusste ich, dass die Zugfahrt nicht so lange dauern würde. Ich sollte in dem kleinen Ort Shalath aussteigen und von dort mit dem Bus nach Bralorne fahren. Meine neuen Freunde brachten mich zu meinem Zug, der morgens 8 Uhr in Nord-Vancouver abfahren sollte. Aber der Zug war weg, als wir am Bahnhof ankamen. Keiner von uns hatte bedacht, dass in dieser Nacht die Uhren umgestellt worden waren. So musste ich den nächsten Zug nehmen. Es fuhren täglich nur zwei Züge in diese Richtung. Ich sah darin kein Problem. Aber der Abschied von meinen Freunden fiel mir doch schwer. Sie gaben mir ihre guten Wünsche und Gottes Segen mit auf den Weg, umarmten mich noch einmal, und dann setzte sich der Zug auch schon in Bewegung.

Kanadische Entfernungen unterscheiden sich sehr von unseren deutschen, das musste ich bald einsehen. Nachdem ich mit dem Zug anderthalb Stunden unterwegs war, schrieb ich mit Hilfe des Wörterbuches die Frage auf: Wann kommt Shalath? Jedes Mal, wenn der Schaffner vorbeikam, hielt ich ihm meine Frage hin. Er lächelte höflich und machte eine beruhigende Geste. Er sah meinen unsicheren und ängstlichen Gesichtsausdruck und gab mir zu verstehen, dass er mir Bescheid geben würde. Wenn ich aus dem Fenster schaute, besserten sich meine Gefühle auch nicht. Die Bahnstrecke war eingleisig. Wir überquerten tiefe Schluchten. Bahnhöfe, wie ich sie aus der Heimat kannte, gab es hier nicht. An der Strecke stand hin und wieder ein schuppenähnliches Gebäude. Die Fahrt ging durch die Wildnis. Auch an den Mitreisenden war zu erkennen, dass ich auf dem Wege in eine andere Welt war. Da saßen Männer mit langen schwarzen Haaren, die sie offen oder zu Zöpfen geflochten trugen. Ihre braunen Gesichter und ihr Blick wirkten nicht freundlich auf mich. Fremdartig für mich war auch ihre Kleidung. Die Männer trugen mit Perlen besetzte Lederjacken, die am Saum und an den Ärmeln lange Fransen hatten. Die Frauen trugen lange Röcke mit Fransen. Außerdem saß noch ein älterer Chinese in dem Abteil. Alle starrten mich an. Mir war nicht wohl zumute.

Inzwischen war es dunkel geworden. Die Umgebung konnte ich nur noch schemenhaft wahrnehmen. Jetzt kam der Schaffner, um mir zu sagen, dass die nächste Haltestelle Shalath sei. Als ich den Zug verließ, war es zweiundzwanzig Uhr, stockfinstere Nacht. Ich sah mich um: kein Bahnhof, kein Bus. Nur eine winzige Holzhütte, von einer Glühbirne dürftig beleuchtet, stand da. Außer mir war auch der Chinese hier ausgestiegen. Ich stellte mich mit meinem Koffer direkt unter das Licht. Kälte stieg in mir auf und Angst. Weit und breit war kein Haus zu sehen. In der Hoffnung, dass der Bus hier bald vorbeikommen müsste, blieb ich wie angewurzelt stehen, den Koffer dicht neben mir. In ihm war alles, was ich besaß: liebe Andenken aus der Heimat, Fotos und Bücher, die mich schon immer begleitet hatten. Der Chinese beobachtete mich. Er hatte sich schon einige Schritte entfernt, schaute, blieb stehen, kehrte um und kam auf mich zu. Als er mich freundlich ansprach, verging meine Furcht. Leider verstand ich ihn nicht. Mit Gesten machte er mir verständlich, dass es irgendwo in der Nähe ein Hotel gäbe. Ich sagte: "Thank you. No money." Er zuckte mit den Schultern und verschwand in der Dunkelheit. Nun war ich ganz allein. Traurigkeit überfiel mich und großes, großes Heimweh.

Ich weiß nicht, wie lange ich so dastand. Plötzlich leuchteten in der Ferne zwei Autoscheinwerfer. Sie kamen näher. Das Auto wendete, und dabei entdeckte mich der Fahrer. Er bremste, hielt das Auto an und stieg aus. Wie er so auf mich zukam, überschlugen sich meine Gedanken und Gefühle. Er sprach mich an, merkte aber sogleich, dass ich ihn nicht verstand. Ich glaubte, dass er die gleichen Worte gebrauchte wie der Chinese und antwortete deshalb: "No money, thank you. Bus to Bralorne." Er erwiderte: "No Bus" und zeigte auf seine Uhr. Einen Augenblick starrte er mich mit großen Augen an, schüttelte den Kopf, lächelte schelmisch und ergriff meine Hand. Die war warm und stark. Da gab es kein Entrinnen. Als er bemerkte, dass ich meinen Koffer krampfhaft festhielt, lachte er, schnappte sich den Koffer als wäre es ein Federgewicht und führte mich zum Auto. In diesem Moment war mir alles egal. Aber im Auto saß eine junge Frau. Mir wurde gleich leichter ums Herz. Der Mann sprach kurz mit ihr, worauf sie mir freundlich zunickte. Wir fuhren eine kurze Strecke und hielten dann an. Die junge Frau stieg aus, umarmte den Mann, verabschiedete sich zärtlich und verschwand. Wir fuhren weiter bis zu einem wunderschönen Haus. Noch während er das Auto parkte, erschien in der Tür eine Dame in einem eleganten Bademantel. Der Fahrer erklärte ihr wohl meine Situation, denn sie bat mich nun mit freundlicher Geste ins Haus. Mir wurde klar, dass der Fahrer der Hausherr, ihr Ehemann war. Er wusste um meine geringen Englischkenntnisse, so dass er nicht fürchten musste, dass ich etwas über die junge Frau im Auto sagen würde. Mit Hilfe des Wörterbuches nannte ich den Eheleuten mein Reiseziel und sagte ihnen, dass ich im Bralorne Mines Hospital als Krankenschwester arbeiten wolle. Damals konnte ich die ehrfurchtsvolle Geste meiner Gastgeber bei dem Wort "Nurse" nicht deuten. Erst später erfuhr ich, welch hohen Stellenwert der Beruf der Krankenschwester in Kanada hat. Dem Haus nach zu urteilen, waren meine Gastgeber gut situierte Leute. Sie war eine schöne, gepflegte Frau, die ein angenehmer Duft umgab. Er war eher ein sportlicher Typ, freundlich, stets ein Lächeln im Gesicht.

Wir setzten uns zu Tisch. Mir wurde Essen und Trinken gereicht. Die Leute bemühten sich, mit mir ins Gespräch zu kommen. Sie wollten wissen, woher ich komme und warum ich ausgerechnet nach Bralorne wollte. Einige Zeit konnte ich mich noch konzentrieren, doch dann überfiel mich die Müdigkeit. Meine Gastgeber merkten es. Sie nahmen behutsam eines ihrer schlafenden Kinder aus dem Bett und ließen mich darin schlafen. Als ich mich in das warme Bett legte, wurde mir erst bewusst, wie durchgefroren ich gewesen war. Jetzt fühlte ich mich himmlisch. Ich fiel sofort in einen tiefen, erholsamen Schlaf.

Am nächsten Morgen war der Frühstückstisch reich gedeckt.

Der Duft des Kaffees verbreitete eine behagliche Stimmung. Die ganze Familie frühstückte gemeinsam mit mir. Die drei Kinder meiner Gastgeber waren aufgeschlossene fröhliche Geschöpfe. Ich bedauerte sehr, dass ich ihre Sprache nicht verstand, aber ich fühlte, dass sie mir freundschaftliche Gefühle entgegenbrachten. Um so trauriger war ich, als ich mich von meinen Gastgebern verabschiedete. Wie konnte ich mich für diese wunderbare Gastfreundschaft bedanken? Ich hatte kein Geld, kein Geschenk bei mir. Da fielen mir die beiden Äpfel meiner Freundin ein. Ich hatte sie noch immer in der Tasche. Es war wohl verboten, Obst nach Kanada einzuführen. Aber dank meiner schlechten Sprachkenntnisse und der großzügigen Zollkontrolle lagen die Äpfel noch immer in meiner Tasche. Sie waren das Einzige, was ich als kleinen Dank für die liebevolle Aufnahme in diesem Haus verschenken konnte. Mit Tränen in den Augen legte ich die Äpfel in die Hände der Kinder, und als ich aufblickte, hatten auch meine Gastgeber feuchte Augen. Der Hausherr fuhr mich zu dem kleinen Postbus. Ich war der einzige Fahrgast. Nur Postsäcke und einige Kisten stapelten sich hinter mir. Mein Gastgeber erklärte dem Fahrer, wohin er mich bringen sollte.

Einige Monate später fuhr ich zurück nach Shalath, um diese netten Leute zu besuchen. Aber das Glück war mir nicht hold. Ich fand das Haus nicht. Und da ich ihren Namen nicht kannte, konnte ich nicht nach ihnen fragen. So gab es leider kein Wiedersehen.

Von Chris wusste ich, dass von Shalath nach Bralorne nur eine schmale Straße führt und dass es keine große Entfernung sei. Das stimmte wohl für kanadische Verhältnisse. Für mich schien die Entfernung unendlich. Die Straße war unbefestigt und meist so schmal, dass kein zweites Auto passieren konnte. Begegneten sich zwei, musste eines der Autos in einer Wartebucht halten. Die Landschaft war wild und dennoch sehr reizvoll. Wir fuhren durch rauhe Schluchten, kamen auch an einem verträumten See vorbei. Die Straße führte stetig aufwärts in die Berge.Ein Fluss schlängelte sich durch die Wildnis.Es wirkte auf mich,als neige sich das Land zum Fluss hinab. Immer wieder sah ich Hirsche und Rehe am Straßenrand, die mit ihren großen Augen ruhig und furchtlos dem Auto nachschauten. Dann weitete sich das Tal. Birken mit ihrem frischen grünen Blätterkleid schmückten es. Im Hintergrund erhoben sich hohe, immer noch schneebedeckte Berge. Jetzt fuhren wir durch einen Ort. "Minto" las ich auf dem Ortsschild. Aber die kleinen Häuschen und ihre Gärten waren verfallen. Hier lebte kein Mensch mehr. Es war eine verlassene alte Goldgräbersiedlung. Unheimlich wurde mir bei der Fahrt durch diese Geisterstadt. Ich sehnte das Ende der Fahrt herbei, zeigte auf meine Uhr und fragte den Fahrer, wie lange wir noch fahren müssten. Er schaute mich freundlich, vielleicht auch ein wenig mitleidig an und deutete mit der Hand in Richtung der Berge, denen wir uns nun immer mehr näherten. Ich dachte an die schöne Stadt Vancouver und ihre blühenden Parks und malte mir aus, dass Bralorne so ähnlich, nur eben kleiner sein würde. Als in der Ferne bunte Häuschen zu erkennen waren, hoffte ich, dass wir am Ziel seien, aber nein, es war Goldbridge. Dieser Ort liegt direkt am Fuße der Berge und war einst die größte Goldgräbersiedlung der Region. In den dreißiger Jahren pulsierte hier das Leben, es gab mehrere Saloons, und es kam vor, dass sich die Männer wegen einer Frau duellierten. Jetzt aber sah der Ort schmutzig und verkommen aus. Auf der Straße sah man nur wenige Menschen. Die Männer trugen Jeanshosen, karierte Hemden und große Hüte.

Bis jetzt hatte ich in dieser herrlichen Landschaft nur solch verkommene Ortschaften gesehen. Ich wurde immer trauriger, war dem Heulen nah. Mich überkam schreckliches Heimweh. Oder war es die Angst vor dem Ungewissen?

Der Bus hielt vor einem primitiven Holzgebäude, das mit einem Schild "Postoffice" gekennzeichnet war. Postsäcke und Handelsgut wurden ausgeladen. Neugierig schauten mich die Umstehenden an. Ich war froh, als der Bus nach kurzem Aufenthalt seine Fahrt fortsetzte. Nun ging es auf steiler Schotterstraße hinauf in die Berge. Um uns war eine Wildnis, wie ich sie noch nie gesehen hatte. Der Busfahrer fühlte wohl mein Staunen. Er erklärte mir, dass das der kanadische Busch sei. Die kurvenreiche Strecke wollte kein Ende nehmen. An einer Lichtung sah ich ein zweistöckiges Holzhaus, das sehr einladend wirkte. Hier, auf der Höhenstraße, hatte man ein eindrucksvolles Panorama. Nach jeder Kurve veränderte sich das Bild der Landschaft. Auf den Bergriesen lag noch viel Schnee. So etwas kannte ich nicht. In meiner Heimat, dem Harz, war um diese Zeit längst alles grün.

Der Fahrer gab ein Zeichen, dass nun bald Bralorne käme. Mein Herz klopfte vor Aufregung und Vorfreude bis zum Halse. Schon von weitem entzifferte ich auf dem schiefen Ortsschild "Bralorne". Auf der gegenüberliegenden Straßenseite stand ein größeres Gebäude mit Flachdach und zwei Eingangstüren. Auf einem verwitterten Schild las ich "Hotel" und über den Eingangstüren die Aufschriften "Ladies" und "Gentlemen". Ich wunderte mich sehr über diese Beschriftungen. Wir fuhren am äußersten Rand der Straße. Von meinem Platz aus konnte ich in eine tiefe Schlucht hinabschauen.

Nun schienen wir endlich im Ort angekommen zu sein. Wir befanden uns schon auf der Hauptstraße. Nein, dieser Ort hatte keine Ähnlichkeit mit Vancouver. Die Straße war ungeteert und staubig. Zu beiden Seiten standen kleine Holzhäuser. Vor uns, am Ende einer steilen Auffahrt, sah ich ein weißes Gebäude mit grünem Dach. Der Bus hielt. Wir standen vor dem Hospital. Der Busfahrer ging hinein, um mich anzumelden.

Die Matron und Chris stürmten auf mich zu und empfingen mich freudestrahlend. Sie waren erleichtert, mich endlich zu sehen. Sie hatten schon nicht mehr mit meiner Ankunft gerechnet. Ich galt als verschollen. Chris nahm mich immer wieder in die Arme. Mir tat das gut. Die Matron, Oberschwester des Hospitals, stand lachend dabei. Dann wandte sie sich ab, ging ins Hospital und überließ uns unserer Wiedersehensfreude. Ich begann, Chris von dem Missgeschick meiner Reise zu berichten, aber auch von der Gastfreundschaft, die mir in Vancouver und Shalath entgegengebracht worden war. Sie nahm meine Hände: " Oh, Wally, das musstest du alles bei deinem ersten Flug erleben! Jetzt ist mir klar, warum dich meine Bekannten in Vancouver nicht treffen konnten und wieso du heute erst hier eingetroffen bist." Dann beugte sie sich zu mir und sprach etwas leiser: "Wally, wenn wir jetzt das Hospital betreten, werden wir nur noch englisch miteinander reden. So ist es hier üblich. Auch mit deutschen Patienten sprechen wir englisch." Ich war so voller Eindrücke und hätte mit Chris gern darüber gesprochen. Ich hätte ihr von dem Menschen erzählen wollen, denen ich auf der Reise begegnet war. Eigentlich hatte ich auch noch nach Vielem fragen wollen. Mit meinen geringen Englischkenntnissen war das aber nicht möglich. Da fühlte ich mich wieder einsam und ausgeschlossen. Mein Gepäck stand noch in der Eingangstür. Aber ehe ich mich recht besonnen hatte, war Chris schon unterwegs, mir das Notwendige für meine Dienstkleidung zu organisieren. Die Schwesternkleidung hatte ich schon bei der Begrüßung bewundert. Sie war blütenweiß. Chris und auch die Oberin trugen ein weißes Kleid, weiße Strümpfe und Schuhe. Ein kleines Häubchen mit schwarzen, quer über der Haube verlaufenden Bändern, saß ihnen keck auf der Frisur. Chris ließ mich das Herbeigeholte anprobieren. Es passte. Ich behielt es an, und mein Dienst in diesem Hospital begann.

Ich wurde den beiden Ärzten, den Schwestern und dem Küchenpersonal vorgestellt. Chris beobachtete mich dabei und spürte wohl meine Unsicherheit, mein Unbehagen. Sie nahm mich bei der Hand. Diese Geste und ihr gütiger Blick gaben mir ein Gefühl der Geborgenheit.

Nun besuchten wir die Patienten. Das Hospital hatte vierundzwanzig Betten, die aber selten voll belegt waren. Fast alle Patienten waren junge Männer. Lediglich in zwei Zimmern lagen Wöchnerinnen. Ich wunderte mich, dass im Hospital so viele junge Leute behandelt wurden. Als ich dann fragte, erfuhr ich, dass in Bralorne fast ausschließlich junge Familien und Junggesellen aus ganz Europa und Kanada lebten.

Als mein erster Dienst zu Ende ging, stand mein Koffer noch immer in der Eingangshalle. Da trat Matron Viola, genannt Vi, zu mir und begleitete mich zu dem Zimmer, das ich bewohnen sollte. Erfreut stellte ich fest, dass es ein Einzelzimmer war. Das Fenster bot mir einen schönen Ausblick auf den Ort und die Berge mit ihren schneebedeckten Gipfeln. Mir wurde warm ums Herz. Zum ersten Mal seit langem besaß ich ein eigenes Zimmer.

Chris nahm mich gleich an diesem ersten Tag mit zu sich nach Hause, um mich mit ihrem Mann bekannt zu machen. Wir gingen zu Fuß. Dabei nutzten wir eine Abkürzung, die durch den Busch führte. Allein hätte ich diesen Weg nicht gehen mögen, aber an Chris´ Seite fürchtete ich mich nicht. Bald erreichten wir das Wohngebiet mit bunten Holzhäusern und kleinen Vorgärten. Solche Häuser, einfach in ihrer Bauweise, aber sehr farbig gestaltet, waren mir schon auf der Reise hierher aufgefallen. Einige der Bewohner saßen um diese Zeit vor ihren Häusern, andere arbeiteten in ihren Gärten. Ich hörte sie reden und konnte sie verstehen. Das war wie ein Glockenspiel in meinen Ohren. Chris´ Nachbarn waren Berliner, Rheinländer und Österreicher. Chris stellte mich ihnen vor, worauf sie mich freundlich willkommen hießen. Chris´ Mann, Helmut, und sein Freund Rudi erwarteten uns schon voller Ungeduld, denn sie hatten ein delikates Abendessen vorbereitet. Das Schönste für mich aber war, dass ich hier meine Muttersprache gebrauchen durfte, nach Herzenslust reden konnte und jedes Wort verstand. So erfuhr ich, dass Helmut und Rudi gemeinsam in der Goldmine arbeiteten. Es war zwar eine schwere und gewöhnungsbedürftige Arbeit, aber man verdiente gut. Das war ihnen wichtig, weil sie für die Realisierung ihrer Zukunftspläne sparten. Ich fand die beiden Männer sympathisch. Helmut war ein sportlicher und schlanker Typ mit rotblonden Haaren, Rudi ein gemütlicher, liebenswerter Mensch mit kleinem Bauchansatz und lichtem Haar.

Nach einigen netten Stunden brachten sie mich zum Hospital zurück. Ich war verständlicherweise todmüde. Als ich mich im Bett ausgestreckt hatte, zog dieser erste Tag in Bralorne in Gedanken noch einmal an mir vorüber. Doch bald war alle Anspannung von mir gefallen und ich schlief ein.

Am nächsten Morgen fühlte ich mich gestärkt und voller Tatendrang. Ich freute mich auf die Arbeit im Hospital. Das war übrigens ein Privatkrankenhaus und gehörte dem Konzern, der in Bralorne und Pioneer Gold abbauen ließ. Bevor ich zum Dienst ging, schaute ich aus meinem Fenster auf den Ort mit seinen bunten Holzhäusern, die sich kontrastreich vom grünen Waldhintergrund abhoben. Es war ein hübscher Anblick. Dann sah ich hinüber zu dem gewaltigen Berg. Wäre der Glaube so stark, dass er Berge versetzen könnte, dann wäre dies der Berg, den ich zu mir rufen würde.

Nun ging ich hinüber ins Schwesternzimmer. Hier begann der Dienst später, als ich es bisher gewöhnt war. Die Nachtübergabe fand ohne Hektik bei einer Tasse Kaffee in gemütlicher Atmosphäre statt. Im Hospital gab es ausreichend Personal, so dass mit einer gewissen Ruhe gearbeitet werden konnte.

In den folgenden Tagen kamen immer mehr junge Männer mit kleinen Beschwerden in die Ambulanz. Es hatte sich nämlich schnell herumgesprochen, dass eine neue deutsche Krankenschwester angekommen war. Unverheiratete Frauen waren Mangelware in dieser Wildnis. Doch Chris wachte darüber, dass mir keiner zu nahe kam.

Ganz in der Nähe von Bralorne gab es einen riesigen Kratersee. Er war der Tummelplatz der Wassersportler. Auch ich lernte gleich in den ersten Monaten Wasserski und Speedboot fahren. Der See war von dichten Wäldern umgeben. Rings um den See standen Wochenendhäuser. Es waren die für Kanada typischen großen Blockhütten. Die meisten dieser Anwesen konnte man nur mit dem Boot erreichen. Es machte viel Spaß, von Hütte zu Hütte zu fahren, denn überall erfuhr man großzügige Gastfreundschaft. Oft holten mich nach dem Dienst deutsche Emigranten ab, und ich verbrachte mit ihnen frohe Stunden beim Wassersport und Grillen. Die wilde Natur rings um Bralorne gefiel mir und zog mich in ihren Bann.

Als vor Jahren Bralorne besiedelt wurde, hatte die Telefon Company über den Mc Gillevry Pass die ersten Kabel bis hinunter in die neue Siedlung gelegt. Auf dem Pass wurde ein großes Blockhaus als Schutzhütte gebaut. Es hatte vielen langen Wintern und heißen Sommern trotzen müssen. Nun war es ziemlich verfallen. Dieses Gebäude hatten meine Freunde erworben und waren nun dabei, es wieder herzurichten. Rudi half tatkräftig dabei. Chris und Helmut verbrachten fast jedes Wochenende oben auf dem Pass. Es gab viel zu tun. Sie planten, auf dem Pass ein Skisportgebiet zu schaffen und waren überzeugt, dass es im Sommer ein ideales Ranchgebiet für Rinderhaltung sein würde. In den Sommermonaten war der Pass nämlich ein üppiger Blütenteppich, weil der Boden durch das Schmelzwasser reichlich Feuchtigkeit hatte. Der Pass war viele Meilen lang und völlig unbesiedelt.

Der Weg führt über eine alte Bohlenbrücke zum Pass

An einem Wochenende luden mich Chris und Helmut ein, mit ihnen auf den Pass zu kommen. Ein Stück des Weges konnten wir mit dem Unimog zurücklegen, den Helmut für die Unternehmung auf dem Pass gekauft hatte. Aber dann wurde der Weg so steil und feucht, dass es der Unimog nicht mehr schaffte. Wir mussten nun zu Fuß weiter. Jeder trug einen Rucksack, die Skier und ein Gewehr. Es war Vorschrift, auf Gängen durch den Busch ein Gewehr bei sich zu tragen. Im Frühsommer waren die Bären sehr hungrig und damit für den Menschen gefährlich, besonders, wenn sie mit ihren Jungen unterwegs waren. Ich war sehr aufgeregt. Bei jedem Geräusch befürchtete ich, dass ein Bär um die Ecke käme. Einige Stunden dauerte der beschwerliche Aufstieg. Endlich standen wir vor dem Blockhaus inmitten einer Lichtung, an zwei Seiten von gewaltigen Bergmassiven begrenzt. Es war eisig kalt. Wir befanden uns in einer berauschenden Winterlandschaft. Schnell wurde im großen Herd der Hütte ein Feuer entzündet. Es knisterte bald und verbreitete wohlige Wärme. Das Blockhaus wirkte gemütlich. Es hatte Platz für mindestens zehn Personen.

v. li.: Chris, Wally, Helmut im Blockhaus

Am nächsten Morgen standen wir sehr früh auf. Draußen war es noch dunkel, aber der Himmel war sternenklar. Wir nahmen ein kräftiges Frühstück zu uns und brachen dann auf zu einer Skitour.

Unter die Ski hatten wir Steigfelle gespannt, um den Aufstieg zu erleichtern. So früh am Morgen war die Schneedecke noch hart. Wir kamen zügig voran. Bei einem späteren Aufbruch, wenn die Sonne schon am Himmel stünde, wären wir tief in den weichen Schnee eingesunken und der Aufstieg wäre viel beschwerlicher geworden. Aber auch so vergingen Stunden, bis wir auf dem Gipfel ankamen. Inzwischen schien die Sonne vom strahlend blauen Himmel und wärmte uns. Wir erfreuten uns an dem Ausblick auf die grandiose Bergwelt. Nach einem zünftigen Vesper im Schnee, mit selbstgebackenem Brot und heißem Tee, rüsteten wir zur Abfahrt. Ich war in meinem Leben noch nie aus solcher Höhe mit den Skiern abgefahren. Ich hatte Ski fahren im Mittelgebirge gelernt. Aber ich wagte in der Spur meiner Freunde die rasante Abfahrt bis hinunter zum Blockhaus. Dieses erste Wochenende mit den Freunden auf dem Pass blieb als unvergessliches Erlebnis in meinem Gedächtnis. Es folgten noch manche schöne Wochenenden auf dem Pass.

Die Mitarbeiter des Hospitals äußerten Chris gegenüber oft, dass ich ein braves, sehr ruhiges Mädchen sei. Chris musste dann lachen und wünschte den anderen, mich mal in der Freizeit zu erleben, wenn mein Mund nicht stille stand. Ja, es war nicht leicht für mich, im Dienst mit den Sprachschwierigkeiten fertig zu werden. Die Angst, Fehler zu machen, führte dazu, dass ich ganz wenig sprach. In dieser Zeit lernte ich aber, alles um mich her, vor allem die Patienten, genau zu beobachten. Ich war bald sehr gut in der Lage, Gesten und Mienen zu deuten. Allmählich fing ich an, meine neue Umwelt immer besser zu verstehen. Meine Kolleginnen kamen aus England, Schottland, Kanada und Deutschland. Außer Chris waren alle ledig. Wir waren ein lustiges Team.

Jede Woche kam ein Brief von meiner Mutter. Sie berichtete mir von den großen und kleinen Dingen des Familienalltags. Ich wusste, was sie am Sonntag gekocht hatte, wie oft sie bei den Groß-

eltern gewesen war und wie es ihnen ging. Sie teilte mir die Todes-
fälle aus unserem Heimatort mit und diese und jene Neuigkeit. Ich
fühlte mich so immer in ihrer Nähe. Das minderte auch mein Heimweh. Beunruhigend für mich war, was die Mutter über die politische Situation im Ort schrieb. Sie berichtete, dass es im Ort Spitzel
gäbe, dass sie unsicher sei, wem man vertrauen könne, wer noch
Freund sei.

Plötzlich blieben die Briefe aus. Ich ahnte Schreckliches. Täglich ging ich zum Postoffice, aber immer vergebens. Ich war voller
Sorge, fühlte mich unglücklich.

Stolberg im Harz, meine Heimat

Keiner meiner Briefe wurde beantwortet und telefonieren konnte
man zu jener Zeit nicht. Die Ungewißheit über das Schicksal meiner Familie belastete mich so sehr, dass ich keine Freude mehr an
Freizeitaktivitäten hatte, und ich mit meinen Gedanken oft gar nicht
bei der Sache war. Fast jede Nacht war ich in meinen Träumen zu
Hause. Ich stand vor unserem Haus im Schatten der großen alten
Linde und schaute hinauf aufs Schloss. Immer hatte ich mir vorgestellt, dass das Schloss Herrscher und Bewacher des Waldes wäre.
Die Straße im Tal entlang konnte ich bis zu unserer Schule sehen.

Sie war das größte Gebäude in der Straße. Am Giebel stand in Stein gemeißelt die Inschrift "Nicht für die Schule, sondern für das Leben". So oft hatten wir Schüler den Spruch gelesen, dass er uns für alle Zeiten im Gedächtnis blieb.

Das Elternhaus am Rittertor mit der alten Linde

Ich liebte meinen Heimatort sehr. Es war ein kleiner beschaulicher Kurort im Südharz. Die gut erhaltenen Fachwerkhäuser verliehen dem Ort einen Hauch von mittelalterlicher Romantik. Mir gefiel es, vom Schlossberg auf die Stadt hinabzusehen. Die Häuschen standen dicht aneinander gedrängt. Wenn dann im Winter aus allen Schornsteinen der Rauch aufstieg, roch es nach brennendem Holz. Das verströmte ein Gefühl von Wärme und Frieden. In Stolberg verlebte ich eine wohlbehütete und glückliche Kindheit gemeinsam mit meinem Bruder. Selbst den Krieg hatten wir Kinder in dieser Idylle relativ sorglos überstanden. Erst in den letzten Kriegswochen spürten wir ihn auch in unserem Tal. Bomben fielen, und einige Einwohner kamen dabei ums Leben. Aus den Großstädten suchten Familien bei Verwandten Unterkunft, weil sie sich hier vor den Kriegswirren sicherer fühlten. Bald kamen auch die ersten Flüchtlingstrecks aus dem Osten. Bei Kriegsende wurde unser Ort von der US-Armee besetzt. Kurze Zeit später hieß es überall: "Die Russen kommen!" Diese Parole verbreitete Angst und Schrekken unter der Bevölkerung. Die Fürstenfamilie traf Vorbereitungen für die Flucht vor der Roten Armee. Es ging alles sehr schnell. Britische Militärfahrzeuge holten sie ab. Hilflos und traurig winkten wir ihnen nach. Wir fühlten, dass nun vieles anders werden würde.

Für mich war inzwischen die Schule wichtiger Lebensinhalt. Besonders beeinflusst wurde ich in meiner Entwicklung von meinem letzten Klassenlehrer. Er kam als junger Mann mit schweren Kriegsverletzungen an unsere Schule. Er war zu uns sehr streng, aber man fühlte, dass er uns Kinder liebte und unser Bestes wollte. In seinem Unterricht war es nie langweilig. Trotz seiner Körperbehinderung ging er mit uns hinaus in die Natur oder fuhr mit uns in andere Gegenden des Harzes, um uns dessen Schönheit und die historischen Denkmale unserer näheren Heimat zu zeigen. Ich liebte am meisten seinen Erdkundeunterricht. Wenn der große, hagere Mann mit seinen schlanken Händen über die Landkarte fuhr und von fernen, fremden Ländern sprach, dann leuchteten seine Augen. Mich hatte er mit dieser Sehnsucht und der Neugier auf die Welt da draußen angesteckt. Auch wenn es zu jener Zeit unmöglich schien, ich wusste, dass ich es schaffen würde. Eines Tages würde ich den Ozean überqueren und Amerika sehen.

Nach Beendigung der Schule bemühten sich meine Eltern um einen geeigneten Ausbildungsplatz für mich. Das war aber recht schwierig, wohl auch deshalb, weil ich keiner politischen Organisation angehörte. Ich wollte Säuglings- oder Krankenschwester werden. Da erfuhren wir, dass ich das wohl nur realisieren könnte, wenn ich bereit wäre, in die Armee einzutreten. Das hätte ich nie getan. So reifte bei mir der Entschluss, wegzugehen, die Heimat zu verlassen. Aber wohin sollte ich gehen? Viele Gespräche führten die Eltern mit mir. Einerseits war der Gedanke der Trennung für

sie schmerzlich, anderseits wollten sie, dass ich mir meinen Berufs-
wunsch erfüllen konnte. Meine Mutter hatte eine Freundin in Trier.
Die war bereit, mich bei sich aufzunehmen. Ich fühlte, dass mir
eine schwere Zeit bevorstand. Wie würde ich ohne meine Familie
zurechtkommen? Ich war schließlich erst sechzehn Jahre alt. Mit
Eltern und Bruder lebte ich in Harmonie, wusste mich geborgen.
Und wenn ich nun von ihnen und den greisen Großeltern Abschied
nahm, wusste keiner, wann wir uns wiedersehen würden. Dann kam
die Nacht, in der ich gen Westen aufbrach. Da es heimlich geschehen musste, konnte ich mich außerhalb der Familie von niemandem verabschieden. Ein befreundeter Polizist hatte mir eine Be-
scheinigung für einen Kurzbesuch in Westdeutschland ausgestellt.
Dieses Dokument in der Tasche, bestieg ich den Zug. Die Reise führte
mich quer durch Deutschland bis an die französische Grenze.

Bei der Freundin meiner Mutter in Trier wurde ich herzlich aufgenommen. Diese Frau, meine neue Tante, tat alles, dass ich mich
zur Familie gehörig fühlen konnte. Meine neue Familie war streng
katholisch, während ich evangelisch war. In der Familie war das
kein Problem. Außerhalb jedoch erlebte ich, dass man über mich
sprach als "die Evangelische". Auch bei einer Vorstellung fügte
man hinzu: "Sie ist evangelisch." Da war mir manchmal, als wäre
ich ein Mensch anderer Klasse. Meine Tante war sich dessen wohl
bewusst. Sie begleitete mich deshalb zum einzigen evangelischen
Krankenhaus in Trier und setzte sich für meine Aufnahme als Vorschülerin ein. Sie war überzeugt, dass ich als evangelisches Mädchen dort am besten aufgehoben wäre.

Die Nächte in Bralorne waren einsam und lang. Ich lag oft stundenlang wach und grübelte. Schlief ich dann ein, war ich im Traum in der Heimat, bei der Familie. Nicht selten wurden die Träume zu Albträumen. Tag und Nacht beschäftigte mich die Frage nach dem Schicksal meiner Familie. Ich mied jede Geselligkeit und suchte die Einsamkeit. Hinter dem Hospital begann ein steiler Pfad in den Busch. Ihn ging ich oft. Von Mal zu Mal stieg ich höher hinauf. Eigentlich waren diese Streifzüge der Bären wegen gefährlich, aber ich war mir dessen gar nicht bewusst. Auf diesen Streifzügen entdeckte ich eines Tages mehrere unbewohnte Blockhütten von Goldsuchern. Die Hütten befanden sich eigentlich in einem guten Zustand. Sie hatten aus Naturstein gemauerte offene Kamine. Ich war so begeistert, dass ich am liebsten dort oben eingezogen wäre. Aber dann dachte ich an den Winter und wusste, dass ich nicht täglich durch die Schneemassen hinunter zur Arbeit ins Hospital könnte. Ich gab den Traum auf.

Monate waren vergangen. Endlich kam ein Brief aus Deutschland. Ich sah sofort, dass er nicht von meinen Eltern war. Er war in einem mir unbekannten Ort aufgegeben worden, aber die Absender kannte ich. Eine befreundete Familie hatte mir geschrieben. Aus Angst, dass der Brief von den Behörden abgefangen würde, hatten sie ihn erst innerhalb der DDR an andere Leute geschickt. Von dort, wo man unsere Familie bestimmt nicht kannte, war er mir nach Kanada zugeschickt worden. Mit großer Erregung las ich und erfuhr, dass meine Eltern verhaftet worden waren. Großvater und Bruder wohnten zwar noch im Haus, aber sie erhielten meine Briefe nicht und offensichtlich wurden auch ihre Briefe an mich nicht weitergeleitet. Meine schlimmen Ahnungen hatten sich also bestätigt. Noch wusste ich keine näheren Umstände. Erst in einem nächsten Brief, der mich auf gleichem Umweg erreichte, berichteten mir die Bekannten Genaueres. In Stolberg war bekannt geworden, dass mein Vater und einige seiner Freunde dem Fürstenpaar durch mich ein selbstgefertigtes Silberhochzeitsgeschenk überbringen ließen. Die damaligen Machthaber sahen in der Fürstenfamilie ihre Feinde, die sich nach dem Westen abgesetzt hatten. Es galt als Verbrechen, Kontakt zu ihnen aufzunehmen. Mit dieser Rechtsauslegung wurden mein Vater und seine Freunde zu drei Jahren Zuchthaus verurteilt, meine Mutter musste als Mitwisserin dreizehn Monate ins Gefängnis. Mich, als Überbringerin des Geschenkes, hatte man in Abwesenheit abgeurteilt.

Man verhaftete meine Mutter am siebzehnten Geburtstag meines Bruders. Sie war gerade mit der Zubereitung des Mittagessens beschäftigt gewesen.

Nun hatte ich zwar Informationen, aber ruhiger hatten sie mich nicht gemacht. Wenn ich schon daran dachte, dass mein Bruder und der Großvater allein zurecht kommen mussten, krampfte sich mir das Herz zusammen. Was würde meine Mutter durchmachen müssen, was mein Vater?

Chris hatte zwar Verständnis für meinen Kummer, aber sie sah auch, dass ich nicht länger so niedergeschlagen und teilnahmslos leben konnte. Sie sprach ernste Worte mit mir. Das half mir. Ich konzentrierte mich auf meine Arbeit, nahm wieder Anteil am Leben meiner Freunde und an den Freizeitaktivitäten der Schwestern.

Am Gun Lake besaß der Doktor ein wunderschönes Blockhaus. Es lag verträumt in einer Bucht. Den Eingangsbereich rahmten zwei schlanke Espen. Gleich hinter dem Haus begann der unendliche Busch. Das Grundstück war nur mit dem Boot zu erreichen. Meist lagen am Bootssteg zwei Motorboote vor Anker. Die Frau des Doktors liebte Geselligkeit und lud uns Schwestern an den Wochenenden gern ein. Am Kratersee waren auch die Sommerabende oft recht kühl. Dann setzten wir uns im Haus um den offenen Kamin, wärmten uns an dessen knisterndem Feuer und plauderten miteinander. Der Doktor war selten dabei. Er hatte ein neues Hobby, ein Wasserflugzeug. Es glich einem roten Vogel

mit breiten Kufen, wenn der Doktor mit ihm über den See geflogen kam und es am Bootssteg "parkte". Diesmal trat er vor unsere gemütliche Runde und verblüffte uns mit dem Vorschlag, dass
wir Schwestern Flugunterricht nehmen sollten. Wir wären dann
in der Lage, im Notfall Patienten auszufliegen. Gesagt, getan,
der Flugunterricht begann. An den Wochenenden, meist in den
frühen Morgenstunden, wenn noch keine Motorboote auf dem
See fuhren, hatten wir unsere Übungsstunden. Es war eine aufre-
gende Sache. Zunächst musste man das Starten lernen. Das war
nicht leicht. Ich handhabte den Startknüppel zu forsch, musste
lernen, ihn mit Gefühl zu betätigen, damit ich sanft auf dem Wasser landen konnte. Aber es war ein tolles Gefühl, wenn es hinauf-
ging zu den Wolken und wieder hinunter aufs Wasser.

Das Wasserflugzeug unseres Doc's

Bald kamen Beschwerden, denn unsere Flugübungen machten Lärm. Die Besitzer der anderen Ferienhäuser am See fühlten
sich im Schlaf oder in ihrer Sonntagsruhe gestört. Unser Doktor
verstand es zum Glück, die Leute zu besänftigen. Wer konnte
ihm denn böse sein, wenn er wie ein Schuljunge, mit seinen kurz
geschnittenen grau melierten Haaren, dem schelmischen Lächeln

und mit Grübchen im Kinn vor einem stand. Am Abend eines solchen Flugtages war ich hundemüde und schlief schnell ein. Erlebnisse dieser Art lenkten mich von meinen Sorgen und meinem Heimweh ab.

Eines Tages händigte man mir im Postoffice einen Brief aus, der mich vor Freude zittern ließ. Schon auf den ersten Blick erkannte ich die Handschrift meiner Mutter. Ich schaute den Brief an, drückte ihn an die Wange und trug ihn wie einen Schatz in mein Zimmer. Erst hier, wo ich mit meinem Brief allein war, öffnete ich ihn. Mutter schrieb aus dem Gefängnis. Der Brief war durch die Zensur gegangen. Trotzdem empfing ich ihn wie ein Geschenk. Von nun an durfte ich der Mutter einmal im Monat schreiben. Vom Vater hatte ich nach wie vor keine Nachricht, kein Lebenszeichen.

Bralorne - eingebettet zwischen hohen Bergen

In meiner freien Zeit suchte ich mich von meinen Sorgen abzulenken. Ich verbrachte sie entweder am Gun Lake oder im Blockhaus meiner Freunde oben auf dem Pass. Jetzt grünte und blühte es
rings ums Blockhaus. Dicht am Haus tummelten sich Murmeltie-
re. Wenn ich sie so anschaute, hatte ich den Eindruck, sie wollten
uns begrüßen. Die Erdhörnchen dagegen pfiffen ihre Signale, um
kund zu tun, dass sie sich in ihrer Ruhe gestört fühlten, dass sie uns
nicht so recht trauten. Meist galten ihre Pfeiftöne aber einem ihrer
ärgsten Feinde. Oft sah ich ihn. Mit seinen großen Schwingen se-
gelte der Adler in geringer Höhe über unsere Köpfe hinweg. Die
Beobachtung der Tiere beeindruckte mich sehr und erfüllte mich
mit Freude.

Selbstverständlich half ich meinen Freunden bei der Arbeit. Es
gab viel zu tun. Es musste ausreichend Holz für den nächsten Winter geschlagen werden. Am Haus gab es auch immer wieder etwas
auszubessern. Trotzdem nahmen wir uns Zeit für Bergwanderun-
gen. Auf unseren Touren hier oben begegneten wir nie Menschen.
Das brachte Helmut auf den Gedanken, eine Telefonleitung nach
Bralorne zu legen, um in einem Notfall Hilfe herbeirufen zu können. Später sollte sich zeigen, wie richtig Helmuts Gedanke war.

Inzwischen machte ich gute Fortschritte beim Beherrschen der
englischen Sprache. Alle im Hospital halfen mir dabei. Sie ließen
mich Wörter und Wendungen so lange wiederholen, bis ich sie richtig aussprach. Meine Unkenntnis und Unsicherheit in der Sprache
hatte mich manchmal in komische Situationen gebracht. So verlangte einmal ein Patient ein Ei. Ich ging in die Küche, um es bei
der Köchin zu bestellen. Aber als ich vor ihr stand, kam ich nicht
auf den englischen Begriff. Was blieb mir übrig? Ich gackerte wie
eine Henne. Die Köchin verstand mich, aber die Umstehenden konnten sich vor Lachen nicht halten.

Seit einiger Zeit hatten wir zwei alte Goldprospektoren als Patienten in unserem Hospital. Beide waren schon über achtzig Jahre

alt. Sie wohnten außerhalb von Bralorne. Ihre selbsterrichteten Blockhütten standen direkt am Flussufer. Dort lebten und versorgten sie sich allein. Doch in regelmäßigen Abständen verbrachten sie einige Zeit im Hospital und ließen sich pflegen. Der eine von ihnen, Mr. Saymore, lud mich ein, zu ihm zum Nachmittagstee zu kommen. Als gebürtiger Engländer pflegte er noch immer die Tradition des Nachmittagstees. Das Wasser für den Tee schöpfte er aus dem Fluss. Es war kristallklares Bergwasser. Das Gebäck, das er selbst gebacken hatte, duftete appetitlich. Wir setzten uns an den offenen Kamin. Hier war es warm und gemütlich und die richtige Atmosphäre, den Erzählungen des alten Mannes zu lauschen. Er sprach langsam und bedächtig mit typisch englischem Akzent. Sein braun gegerbtes, schmales Gesicht wirkte aristokratisch, eigentlich auch sein ganzes Benehmen, seine Umgangsformen. Er war sehr groß und hager, hatte langes graues Haar. Etwas im Widerspruch zu der Sauberkeit und Ordnung, die ihn umgab, stand seine Kleidung. Seine Schuhe waren ausgetreten, die Hosen zu groß und zu weit. Er konnte spannend erzählen. Er hatte lange Zeit fast allein in der Wildnis gelebt. Die Bären und die wenigen Männer hatten sich gegenseitig respektiert. Das Leben war hart gewesen. Man musste genügsam sein, um in der rauhen Wildnis zu überleben. Ein wenig traurig schien er darüber, dass später, als immer mehr Goldsucher kamen und die Siedlung gebaut wurde, manches von der bis dahin unberührten Natur zu Schaden kam. Mir half der Besuch, meine Umgebung noch besser zu begreifen.

Mr. Hayle, der zweite alte Herr, war gerade wieder zur Pflege im Hospital. Er war sehr dankbar für unsere Zuwendung. Den größten Teil seines Lebens hatte er einsam in den Bergen als Goldsucher verbracht, hatte nur selten Kontakt zu anderen Menschen gehabt. Sein Gesicht strahlte, wenn eine von uns die Tür öffnete, mit ihm ein paar Worte wechselte und ihn versorgte. Jeder von uns hatte den kleinen, zerbrechlich wirkenden alten Mann gern. Eines

Tages ließ er den Doktor und einen Notar an sein Bett bestellen. Wir wurden aufgefordert, die drei nicht zu stören. Es war richtig geheimnisvoll. Wir wussten nicht, was das zu bedeuten hatte. Am nächsten Tag ließ uns der Doktor zu sich rufen. Er ging mit uns zu Mr. Hayle. Der lag wie immer bescheiden und ruhig in seinem Bett, aber seine blauen Augen hatten heute einen ganz besonderen Ausdruck. Nun wurden wir nicht länger auf die Folter gespannt. Der Doktor nahm das Wort und eröffnete uns, dass Mr. Hayle am Vortage sein Testament geändert hatte. Sein Vermögen, das er einer Stiftung hinterlassen wollte, hatte er uns fünf Schwestern vererbt und den Doktor als Nachlassverwalter eingesetzt. Wir waren sprachlos, zumal wir immer geglaubt hatten, dass er ein einsamer und armer Mann wäre. Als wir uns stürmisch bei unserem Gönner bedanken wollten, schaute er schüchtern lächelnd zu Seite. Er starb bald darauf.

Wir Schwestern fassten den Entschluss, das Geld nicht persönlich zu nutzen. Wir beschlossen, mit seiner Hilfe einen lang gehegten Wunsch der Schwesternschaft dieses Hauses zu erfüllen, ein Schwesternwohnheim zu bauen. Bei der Verwirklichung unseres Vorhabens kam uns noch ein weiterer Glücksumstand zugute. Im Tal baute ein europäisches Unternehmen einen riesigen Staudamm. Die Ingenieure und viele der Bauleute stammten aus den Beneluxstaaten, Frankreich und Österreich. Zur medizinischen Versorgung kamen sie in unser Hospital. Als nun auf der Baustelle bekannt wurde, dass wir ein ''Nurses home'' bauen wollten, erklärten sich viele Bauarbeiter bereit, in ihrer Freizeit zu helfen, das Haus zu bauen. Bei der Beschaffung des Baumaterials half uns großzügig die Mining Company.

In kürzester Zeit wuchs unser Haus. Wir verfolgten mit Freude jede Etappe des Baus. Zuerst wurde das Holzgerüst aufgestellt. An ihm wurden die Fertigteile als Wände befestigt. Dann wurde das Isoliermaterial zwischen die Wände gefüllt und die Fenster eingesetzt. Herrlich große Fenster waren es. Sie ließen viel Licht in die Räume und gaben prächtige Ausblicke auf die geliebte Landschaft. Jede Schwester bekam ein eigenes Zimmer. Die Bäder ließen wir mit verschiedenfarbigen Fliesen auslegen. Die Gemeinschaftsküche wurde mit modernen Geräten ausgestattet. Wir dachten mit Vorfreude an die leckeren Speisen, die wir uns zaubern würden. Besondere Sorgfalt verwandten wir auf die Einrichtung des gemeinsamen Wohnzimmers. Wir legten es mit flauschigen Teppichen aus, stellten eine große Couch mit passendem Tisch auf und dazu mehrere Sessel. Großzügig wirkte der Raum. Dann feierten wir Einzug und luden dazu alle unsere fleißigen Helfer ein.

Unweit des Hospitals dröhnte ein reißender Wildbach. Im Bachbett lagen große Geröllsteine, die zum Rasten einluden. Ich ging gern am frühen Morgen dorthin, in diese Einsamkeit. Die Luft war dann noch sehr kalt, das Gras feucht, und unten in der Talsohle glitzerte es vom Tau wie mattes Silber. Grauer Nebel lag auf den Bergen, ihre Gestalt auf seltsame Weise verwischend. Unmerklich fingen die Gipfel der Berge die ersten Sonnenstrahlen auf und erglühten. Solch ein Morgen war etwas ganz Besonderes.

Als der Staudamm vollendet war, veränderte sich das Tal völlig. Die alte Poststraße, auf der ich nach Bralorne kam, die Goldgräbersiedlungen, die ich unterwegs gesehen hatte und auch der romantische Gebirgsfluss, wo ich vom Bus aus das Wild beobachtet hatte, existierten nicht mehr. Das ganze Tal wurde nun überflutet. Es entstand ein Stausee von vierzig Meilen Länge.

Kurz vor meiner Ankunft hatte man schon oberhalb von Goldbridge einen Staudamm errichtet. Gewaltige Erdbewegungen waren dafür nötig gewesen. Man hatte auf der gegenüberliegenden Seite einen Berg gesprengt und auf diese Weise die für die Staumauer erforderlichen Felsbrocken gewonnen. Der verstümmelte Berg ragte nun kahl und öde aus dem Busch, als klagte er die Menschen an. Mich bewegte der Gedanke, welche Auswirkungen solch

Eingreifen der Menschen in die Natur haben würde. Ich hatte kein gutes Gefühl dabei.

Eine von Chris´ Nachbarinnen war die Österreicherin Heidi. Sie war eine zierliche und lebenslustige junge Frau. Ihr Lachen war ansteckend. Aus ihrer schönen Heimat hatte sie die Liebe zur Natur mitgebracht. Sie streifte oft allein und ohne Furcht durch den Busch. Sie kannte die Flecken, wo die größten Himbeeren wuchsen. So lud sie Chris und mich ein, gemeinsam mit ihr Beeren zu sammeln. Jeder einen großen Eimer in der Hand, machten wir uns auf den Weg. Heidi war immer einige Schritte voraus, drehte sich zu uns um und plauderte munter drauf los. Es gab wirklich herrliche große Himbeeren. Ich staunte und freute mich. Da füllte sich der Eimer schnell. Doch plötzlich standen wir wie angewurzelt. Kein Wort, keinen Laut gaben wir von uns. Nur unsere Blicke trafen sich. Angst und Schrecken waren uns ins Gesicht gezeichnet. Nicht weit unter uns am Hang hatten wir eine Bärin mit ihren Jungen entdeckt. Die Kleinen sahen allerliebst aus. Sie spielten miteinander. Ich hätte diese niedlichen Wollknäule streicheln mögen, aber ich war mir der großen Gefahr bewusst, die diese Bärin mit ihren Jungen für uns bedeutete. Es war unser Glück, dass sie uns von ihrem Standort aus nicht wittern konnte. Auf leisen Sohlen suchten wir mit unseren halb gefüllten Eimern das Weite. In jenem Sommer gingen wir nicht noch einmal Beeren sammeln.

Im Hospital arbeiteten wir in drei Schichten. Als ich wieder einmal Nachtschicht hatte, vernahm ich vor dem Hospital ungewöhnliche Geräusche. Ich war allein im Dienst, die Patienten schliefen. Mir war es unheimlich, aber ich musste doch nachschauen. Es war Vollmond und der Platz vor dem Hospital deshalb gut einsehbar. Ich öffnete vorsichtig die Tür einen Spalt breit und wollte meinen Augen nicht trauen. "Mein Gott!" entfuhr es mir. Da stand vor der geöffneten Mülltonne ein ausgewachsener Bär. Einen zweiten Behälter hatte er bereits umgeworfen und seinen Inhalt über den

Vorplatz verstreut. Ich verschloss rasch die Tür und ließ Meister Petz weiter nach einem Leckerbissen suchen. Hier im Hospital konnte er mir nicht gefährlich werden.

Auf den Spaziergängen beobachtete ich sehr oft Hirsche und Elche, wenn sie in Flussnähe ästen. Auch Bergziegen begegnete ich.

Im Sommer wurde es in Bralorne tagsüber sehr heiß. Nach dem Dienst fuhr ich gern mit einer meiner Kolleginnen zur Abkühlung an den Wildbach. So saßen wir eines Abends bei beschwingter Radiomusik im offenen Auto und lasen. Ein Knacken im Gebüsch ließ uns aufhorchen. Ein Schwarzbär trat heraus. Er drehte seinen Kopf, als höre er auf die Musik, schnüffelte an der Autotür und - zog langsam von dannen. Wir hatten inzwischen nicht zu atmen gewagt und starteten, so schnell es ging, das Auto in Richtung Hospital. Erst dort wurde uns bewusst, dass der Bär eigentlich gar keine Notiz von uns genommen hatte und unsere Furcht übertrieben war.

Ein Erlebnis ganz besonderer Art war für mich, als ich einmal bei der Goldschmelze zuschauen durfte. In die Goldmine selbst durften Frauen nicht einfahren. Da herrschten alte ungeschriebene Gesetze. Eine Ministerin war hier gewesen, um die Mine zu besichtigen. Man verweigerte ihr das Einfahren und bat sie um Verständnis, denn die Grubenarbeiter hätten das als böses Omen aufgefasst und die Mine sofort verlassen. Die Ministerin ließ sich aber von solchem Aberglauben nicht abschrecken. Sie bestand auf der Besichtigung. Der leitende Ingenieur ließ sie daraufhin einen verschmutzten Overall anziehen. Mit verschmiertem Gesicht, Helm und Grubenlampe auf dem Kopf, fuhr sie unerkannt in die Grube ein. Doch es geschah weder bei der Besichtigung noch danach ein Unglück. Aber trotzdem wurde die Besichtigung vor den Grubenarbeitern geheim gehalten.

Am Schmelzofen durften Frauen schon mal zuschauen. Im Raum

war es extrem heiß. Ich sah, wie das flüssige Erz in die Formen gegossen wurde und die Männer dann das erkaltete Gold wieder aus der Form nahmen. Ich durfte einen Goldbarren in die Hände nehmen. Ach, war das ein Gefühl!

Es war auch nicht selten, dass die Goldbarren unbewacht auf der Treppe des Postoffice lagen. Ich konnte das gar nicht fassen und machte wohl ein entsetztes Gesicht, als ich mich nach diesen unbewachten Goldbarren erkundigte. Man beruhigte mich. Sie würden mit dem Postbus nach Lilloett, einer Kleinstadt, gut sechzig Meilen entfernt, gebracht. Der Postbus war auch nicht bewacht. Von Lilloett ging der Goldtransport mit der Bahn weiter nach Ottawa, wo aus allen Goldminen Kanadas das Gold gelagert wurde. Jedem Goldbarren war eine Nummer eingeprägt, die auswies, wo er geschmolzen wurde. Kein Räuber, kein Dieb wäre mit der Beute aus dem Tal gekommen, denn am Ausgang des Tales würde die RCMP stehen und ihn festnehmen. Das leuchtete mir ein, aber so ein Barren war doch immerhin 25 000 Dollar wert!

Über die Angestellten des Hospitals lernte ich auch immer mehr Einheimische kennen und bekam Gelegenheit, verschiedenen Sportvereinen beizutreten. Zunächst begann ich bei der Damen-Baseballmannschaft zu trainieren. Wir trafen uns zweimal wöchentlich. Obwohl es für mich eine völlig neue Sportart war, bereitete mir das Training von Anfang an viel Spaß. Später wurde ich auch Mitglied im Curling Club. Als ich den Frauen das erste Mal zuschaute, wie sie mit einem schmalen langstieligen Besen vor dem heranrutschenden Curling das Eis "schrubbten", kam mir das komisch vor. Aber bald fand ich Gefallen an der Sportart und "erschrubbte" schon im ersten Winter einen Pokal.

Beim Baseballtraining fiel mir ein gut und sportlich aussehender junger Mann auf, der uns öfter zuschaute. Ich hatte ihn auch schon mehrmals in einem großen Buick-Cabrio an mir vorbeifahren sehen. Wenn sich unsere Blicke trafen, fühlte ich, wie ich errötete. Bei einer Sportveranstaltung lernten wir uns endlich kennen. Ich war hoch erfreut, als ich erfuhr, dass er auch Deutscher und schon vier Jahre früher ausgewandert war. Wir sprachen lange miteinander, und ich war erstaunt, was er schon alles von mir wusste. Von dieser ersten Begegnung an fühlte ich mich zu ihm hingezogen. Es war der Anfang meiner ersten großen Liebe.

Wenn er mit seinem weinroten Auto den Hospitalweg herauf gefahren kam, um mich abzuholen, klopfte mein Herz so stark, dass ich glaubte, er müsste es hören. Dann strahlten mich seine hellen Augen an. Und wenn er mich ins Auto hob, fühlte ich mich leicht und unbeschwert. Wir sahen uns täglich, und unsere Zuneigung wurde immer größer. Sein Kurzhaarschnitt ließ ihn so recht kanadisch aussehen. Ich fuhr ihm oft mit den Händen über sein "Stoppelfeld". Ich war stolz, sein Mädel zu sein. Wir unternahmen viele schöne Autotouren, auf denen ich weite Teile von British Columbia kennen lernte.

Das Hospital und das neue Schwesternhaus blieben mein Zuhause. Meine Arbeit bedeutete mir sehr viel. Die Patienten hatten noch immer ihren Spaß, wenn es mal wieder mit meinen Sprachkenntnissen nicht so recht klappte. Als ich eines Mittags meinen Dienst begann und das Männerzimmer betrat, fragten sie mich: "Nurse, what´s cooking today?" Ich bat um einen Moment Geduld, rannte in die Küche, um auf dem Speiseplan nachzuschauen. Als ich zurückkam und ihnen das Menü ansagen wollte, brachen sie in schallendes Gelächter aus. Ihre Frage war nur eine Redewendung gewesen, mit der sie sich bei mir erkundigen wollten, was es draußen Neues gab. Ich nahm ihnen das Gelächter nicht übel. Solche Situationen lockerten die Atmosphäre auf.

Obwohl ich mir große Mühe gab, die Patienten richtig zu verstehen, passierten doch immer wieder Missverständnisse. So bat mich eine Wöchnerin um einen "potty".

Ich brachte ihr ein Teekännchen. Sie aber schüttelte sich vor

Lachen und deutete mir, dass es zu klein sei. Sie hatte einen Nachttopf gewollt.

Ein anderes Mal hatte ich Dienst im OP. Der Patient sollte am Fuß behandelt werden. Ich entfernte den Verband. Ein knallroter Zeh kam zum Vorschein. Aha, eine Wundbehandlung, dachte ich. Der Fuß wurde gelagert, der Zeh und das Umfeld desinfiziert, der Patient narkotisiert. Und dann griff der Doktor das Skalpell, gleich darauf eine chirurgische Kneifzange und schon war der Zeh amputiert. Ich schrie auf, weil ich glaubte, der Doktor habe einen Fehler gemacht. Als Antwort erntete ich Kopfschütteln und erstaunte Blicke. Das passiert einem, wenn man sich nicht optimal informiert.

Anfang September setzte die Laubfärbung ein. Bald trug der Wald ein buntes Herbstkleid. Die Nächte waren schon empfindlich kalt. Um diese Zeit machte mir mein Freund Joe den Vorschlag, den Führerschein zu erwerben. Ich war begeistert. Das Autofahren gehörte inzwischen zu den angenehmen Seiten meines Lebens. In Joe´s tollem Buick fuhr es sich bequem. Die Technik des Wagens faszinierte mich. Selbst das Verdeck öffnete und schloss sich auf Knopfdruck.

Eine Fahrschule gab es nicht. Fahrunterricht konnte jede Person mit gültigem Führerschein erteilen. Die theoretischen Fragen erhielt man als kleine Broschüre bei der Polizei.

Joe war ein exzellenter Fahrer und als Fahrlehrer hatte er viel Geduld mit mir. Am Steuer war es nämlich gar nicht so leicht, den Wagen gut durch die engen und meist unbefestigten Straßen zu kutschieren. Warum waren die Autos in diesem Lande nur so lang und breit, wie sollte man denn da immer unbeschadet aneinander vorbeikommen? Ich erflehte und erhielt mehrfach einen Schutzengel. Und mit der Zeit wurde ich sicherer.

Anfang November bestellte Joe bei der Royal Canadian Mountet Police (RCMP) den Prüfer. Inzwischen hatte aber der Winter Einzug gehalten. Es schneite unaufhörlich. Meine Kolleginnen warnten mich vor den winterlichen Straßen. Aber ich konnte doch jetzt keinen Rückzieher machen. Der Tag der Prüfung kam. Mit weichen Knien stieg ich ins Auto. Neben mir saß nun der Polizist, mit dem großen runden Hut auf dem Kopf. Mit der rechten Hand hielt er die Tür leicht geöffnet, damit er bei drohender Gefahr schnell hinausspringen konnte. Leichter Schneefall und vereiste Spuren auf der Straße waren wirklich keine günstigen Bedingungen für eine Prüfungsfahrt. Aber die Fahrt verlief gut und ich wurde stolze Besitzerin eines Führerscheins.

Joe arbeitete als Trucker. Er transportierte riesige Baumstämme aus dem Busch zur Goldmine Pioneer. Hin und wieder durfte ich ihn begleiten.

Nachdem es unentwegt geschneit hatte, stiegen wir am nächsten freien Wochenende hinauf zur Hütte auf den Pass. Endlich oben angekommen, war von dem Blockhaus nichts zu sehen. Wir schauten uns ratlos an.

Die völlig eingeschneite Blockhütte im Winter 1959

An der Stelle, wo wir es vermuteten, stocherten wir mit den Skistöcken im Schnee. Plötzlich brach Chris im Schnee ein und landete vorm Hauseingang. Wir standen auf dem Dach und arbeiteten uns mit den Händen bis zur Eingangstür durch. Dorthin hatte Helmut vor Wintereinbruch eine Schaufel gestellt. Wir suchten und fanden sie. Nun wurden die Fenster und der Schornstein frei geschaufelt. Bis spät abends waren wir beschäftigt. Wir wagten nicht, die Hütte stark zu heizen. Helmut befürchtete, dass das Dach die Last des schmelzenden Schnees nicht tragen könnte. Deshalb war unsere erste Arbeit am folgenden Morgen, den Schnee vom Dach zu räumen. Die verbleibende Zeit nutzten wir, um die Hütte für die bevorstehenden Feiertage herzurichten. Über Weihnachten und Neujahr erwarteten wir Skifreunde aus Vancouver.

In Kanada beginnt das Weihnachtsfest am 25. Dezember. Den Heiligabend kennt man dort nicht. Wir feierten schon am Heiligen Abend, wie wir es von daheim gewöhnt waren. Als ich mit Joe und Rudi bei Chris und Helmut eintraf, brutzelte der Truthahnbraten im Ofen. Sein Duft war in allen Räumen. Auf dem festlich gedeckten Tisch brannten schon die Kerzen. Das Radio brachte weihnachtliche Klänge. Dann übertrug ein deutschsprachiger Sender den Gottesdienst, dem wir andächtig lauschten. Nun zündete Chris auch am Weihnachtsbaum die Kerzen an. Sie flackerten und dufteten nach Honig. Wir sangen Weihnachtslieder und dachten an unsere Lieben in der Heimat. In dieser feierlichen Stimmung gaben Joe und ich unsere Verlobung bekannt.

Sehr früh am nächsten Morgen, als im Ort noch alles schlief, beluden wir den Unimog. Aus alten Feldbetten hatte ihm Helmut Schneeketten gebastelt. Sie sprangen unterwegs zwar einige Male herunter, aber Helmut und Joe montierten sie jedesmal wieder. So brachte uns das Gefährt weit hinauf bis kurz vor den Pass.

Joe liebte es, auf dem Kratersee Wasserski zu fahren, aber mit Skiern auf Schnee hatte er keinerlei Erfahrung. Nun war er das erste Mal mit uns hier oben. Bald trafen auch die Skifreunde aus Vancouver ein. Das Wetter war traumhaft und die Stimmung fröhlich und ausgelassen.

Bereits am nächsten Morgen wollten wir zu einer größeren Skitour aufbrechen. Zeitig wurde geweckt. Ach, war ich verschlafen! Wir Frauen durften uns zum Glück in der Hütte waschen, während die Männer hinaus an den Bach gingen, um sich frisch zu machen. Als nun im Kamin das Feuer knisterte und Kaffeeduft durch die Hütte zog, verflog der Rest Müdigkeit schnell und machte der Vorfreude auf die Tour Platz. Gleich nach dem Frühstück brachen wir auf. Die Männer trugen die Rucksäcke mit der Verpflegung. Helmut fungierte als Tourenführer und legte gemeinsam mit Paul die Spur. Paul aus Vancouver war ein schlanker, drahtiger Typ. Sein dünnes blondes Haar trug er korrekt gekämmt. Er war der einzige der Männer, der auch an diesem Morgen nicht auf die Rasur verzichtet hatte. Vor allem aber war er ein ausgezeichneter Skifahrer und Gründungsmitglied des Skiclubs Vancouver. Sein Freund Hans war begeisterter Hobbyfotograf. Er liebte es, auf Schneeschuhen mit seinem Fotoapparat auf den Bergen herumzukraxeln. Da er zudem aus Bayern stammte und zur Verwunderung der Kanadier oft in Lederhosen ging, nannten wir ihn Kraxelhuber.

Der Charmeur der Gruppe war Hugo, ein braungebrannter großer Blonder, aus Österreich stammend. Fast zwei Meter groß, konnte er nur gebückt durch die Hüttentür treten. Er war so begeistert von unserem Skiparadies, dass er am liebsten den ganzen Winter hier verbracht hätte. Es war aber auch eine Augenweide, ihn Ski fahren zu sehen.

Auf dem ersten Streckenabschnitt begleitete uns Hans auf Schneeschuhen. Da er Schwierigkeiten hatte, unser Tempo mitzuhalten, rasteten wir ab und zu. Diese Pausen verkürzte er uns mit heiteren Sprüchen. Dann verabschiedete er sich aber, um in Ruhe Fotomotive zu suchen und dann ins Blockhaus zurückzukehren. Pauls Frau Agnes und Joe waren in der Hütte zurückgeblieben, weil sie nicht Ski fahren konnten.

Auch wenn der Aufstieg selbst für uns geübte Skifahrer schwer war, so wurde man, auf dem Gipfel angekommen, vielfach für die Anstrengungen belohnt. Ringsum ragten die schneebedeckten Berge in den wolkenlosen Himmel. Eiskristalle warfen glitzernd und funkelnd das Sonnenlicht zurück. Die Schneedecke war inzwischen so mächtig, dass vielerorts nur die Wipfel der Bäume daraus hervor guckten. Außer unseren eigenen, waren nirgends Spuren im Schnee. Unberührt lag die Landschaft vor uns. Das war ein erhabenes Gefühl. Nachdem wir uns mit dem Proviant aus unseren Rucksäcken gestärkt hatten, genossen wir die rasante Abfahrt bis zu unserer Hütte hinab. Sie war leer. Sicher hatte es Agnes und Joe bei dem herrlichen Winterwetter nicht in der Hütte gehalten. Vielleicht machten sie draußen ihre Gehversuche auf Skiern.

Als eine geraume Zeit vergangen war und keiner der drei Fehlenden zurückkam, begannen wir uns Sorgen zu machen. Wir gingen den Pass entlang und hielten Ausschau nach ihnen. Von weitem erkannten wir Agnes und Joe, die langsam auf uns zukamen. Man sah ihnen den überstandenen Schrecken an. Sie waren wirklich ein wenig unserer Spur gefolgt. Weit waren sie nicht gekommen, als sie plötzlich einen ungewöhnlichen Luftdruck verspürten. Im selben Augenblick stürzte eine Lawine auf sie herab. Zum Glück konnten sie sich selbst daraus befreien. Agnes war mit dem Schrecken davongekommen, aber Joe hatte sich am rechten Fuß verletzt, weil sich der Ski nicht gelöst hatte. Er hatte heftige Schmerzen. Chris und ich versorgten ihn. Was wir vermuteten, bestätigte sich später, er hatte eine Knöchelfraktur.

Die Männer waren weitergegangen, um Hans zu suchen. Sie fanden ihn bleich, zitternd vor Aufregung, ohne Schneeschuhe und Rucksack. Er konnte den Hergang kaum schildern. Er erinnerte sich nur, dass er beim Fotografieren plötzlich unter sich ein Knirschen und Rauschen hörte und sich mit einem Mal vor ihm der Abgrund auftat. Sein Rucksack und die Schneeschuhe waren mit in die Tiefe gerissen worden. Das war die Lawine, die Agnes und Joe getroffen hatte.

Als der Tag zu Ende ging und wir in der warmen Hütte beisammen saßen, waren wir froh und dankbar, dass dieser Feiertag letztendlich für uns mit viel Glück im Unglück ausgegangen war.

Joe wollte trotz seines schmerzenden Fußes bei uns auf dem Pass bleiben. Er hielt sich tapfer. Chris und ich pflegten ihn, was er sich gern gefallen ließ. So blieben wir auch zum Jahreswechsel oben. Als wir um Mitternacht in die sternenklare Nacht hinaustraten, schaute auch der Mond auf uns herab. Es umgab uns tiefe Stille. Hierher drangen kein Glockengeläut und keine Neujahrsschüsse. Hier schien der Himmel nah zu sein. Jeder hing seinen Gedanken nach. Dann wandte sich Chris an uns. Sie wünschte allen für das neue Jahr viel Glück und Gesundheit und sprach die Hoffnung aus, dass wir noch oft in Freundschaft in dieser Bergeinsamkeit vereint sein können. Dann tanzten wir nach deutscher Plattenmusik, bei Glühwein und Sekt bis in die Morgenstunden des Neujahrstages.

Im Hospital gab es viel zu tun. Das Winterwetter verursachte immer wieder Unfälle, die wir zu versorgen hatten. Und es war noch kein Ende des Winters abzusehen.

Für die Osterfeiertage wurden wieder Pläne geschmiedet. Die Skifreunde aus Vancouver hatten sich angemeldet. Helmut hatte mit Paul auch schon darüber gesprochen, ein größeres Holzhaus zu bauen. Im kommenden Sommer sollte die Ranch konkrete Formen annehmen. Die Freunde sehnten den Frühling herbei, um bei der Realisierung ihrer Pläne weiter voranzukommen.

Eine Woche vor Ostern wollten Chris und Helmut auf den Pass, um die nötigen Vorbereitungen für Ostern zu treffen. Ich versprach ihnen, mitzukommen und zu helfen.

Ich war auch zeitig aufgestanden, hatte bereits gefrühstückt und mein Gepäck an die Haustür gestellt. Kaum fielen die ersten Sonnenstrahlen auf die Baumwipfel, hörte ich Helmuts Unimog näher kommen. Es war das einzige Geräusch, das in dieser Frühe zu hören war. Mit einem kurzen Hupen riefen sie mich heraus. Doch was war plötzlich mit mir? Alles in mir sträubte sich, auf die Straße hinauszutreten. Ich spürte in der Brust einen entsetzlichen Druck, als stieße mich eine unsichtbare Hand zurück. Da hupte Helmut das zweite Mal. Unter höchster Anspannung öffnete ich die Tür und stammelte mehr als dass ich sprach: " Ich - komme - nicht - mit."

Chris schaute verdutzt: "Du hast es doch versprochen, Wally." Sie bat mich, meine Absage noch einmal zu überdenken. Doch kopfschüttelnd verabschiedete ich mich. Ihr "Good bye, Wally!" klang enttäuscht. Und das waren sie sicher. Vielleicht waren sie mir richtig böse, weil ich ihnen meine Hilfe versprochen hatte und sie nun im Stich ließ. Mir war zum Heulen zumute. Ich schaute den beiden traurig nach und hatte für mein Verhalten keine Erklärung.

Ich verbrachte den Tag auf meinem Zimmer. Ich las. Oft glitt mir das Buch aus der Hand, und meine Gedanken drifteten ab. In meine Lethargie hinein schrillte das Telefon. Erschrocken nahm ich den Hörer ab. Am anderen Ende meldete sich die Polizei. Man fragte mich, ob ich die Freundin von Chris sei. Als ich es bejahte, teilte man mir mit, dass Chris und Helmut östlich des Passes in zweitausend Meter Höhe von einer Lawine verschüttet wurden. Ich war wie gelähmt.

Hugo, der in der Blockhütte Skiurlaub machte, hatte die Polizei informiert. Chris und Helmut waren mit den Skiern in der Absicht losgefahren, etwas zu vermessen. Als sie lange ausblieben, war er in gleicher Richtung, ihren Spuren folgend, aufgebrochen. Dann sah er die Schneemassen, die nur von einer Lawine stammen konnten, sah, dass die Skispuren hinein und nicht wieder herausführten. Entsetzt und in tiefer Sorge, begann er, mit einem Holzstock in den Schneemassen zu suchen. Plötzlich gewahrte er einen Kuguar. Diese Wildkatzen sind außerordentlich gefährlich, weshalb Hugo zur Hütte zurückfuhr und die Polizei anrief, um das Unglück zu melden.

Sofort wurde die Suche und Bergung der Verschütteten organisiert. Kurze Zeit nach Hugos Anruf verließ die erste Rettungsmannschaft auf Skiern oder Schneeschuhen Bralorne in Richtung Pass. Sie war mit Grubenlampen, Sonden und Schaufeln ausgerüstet. Obwohl es schon Nacht war, als sie die Unglücksstelle erreichten, begannen sie sofort mit der Suche. Sie stocherten mit langen Aluminiumstangen in den Schneemassen, konnten aber noch nichts finden. Am frühen Morgen wurde mit einem Bulldozer die Straße zum Pass geräumt, um mehr Helfer und Technik hinauffahren zu können.

Auf dem Schlitten wird Chris von Helfern hinunter ins Tal gebracht

Ich saß bangend in meinem Zimmer. Man ließ mich nicht zur Unglücksstelle. Aber ich wusste, dass man alles Menschenmögliche unternahm, um die beiden zu retten. Die gesamte Frühschicht war nicht in die Mine eingefahren, sondern als Rettungsmannschaft eingesetzt worden.

Dann kam die erste Meldung: Helmut wurde am Nachmittag tot geborgen. In der einen Hand hielt er ein Messband. Es war ausgerollt. Die Männer hofften, wenn sie dem Band folgen würden, Chris zu finden. Das gelang nicht. Die Rettungsaktion musste sogar wegen eines Schneesturmes für einige Zeit unterbrochen werden. Erst am Vormittag des nächsten Tages fand man Chris. Sie hatte ihre Skier im Arm, lag wie in einer Höhle. Um ihren Körper herum war der Schnee geschmolzen, was darauf schließen ließ, dass sie noch einige Zeit unter der Lawine gelebt haben musste. Jetzt aber konnte sie nur tot geborgen werden.

Am Abend wurden meine toten Freunde in den Leichenraum des Hospitals gebracht. Ich bat darum, mit ihnen allein sein zu

56

dürfen. Das gestattete man mir. Jeder im Hospital wusste, was sie mir bedeuteten.

Zuerst befreite ich sie von den nassen Skianzügen. Die Handgriffe beim Aus- und Ankleiden vollzogen sich wie automatisch. Ich konnte nicht weinen. Meine Kehle war wie zugeschnürt. Rudi kam und half mir, sie in die Särge zu betten.

Jetzt lagen sie nebeneinander. Ihre braungebrannten Gesichter hatten einen friedlichen Ausdruck. Sie lagen da, als schliefen sie und könnten jeden Augenblick die Augen wieder öffnen. Da

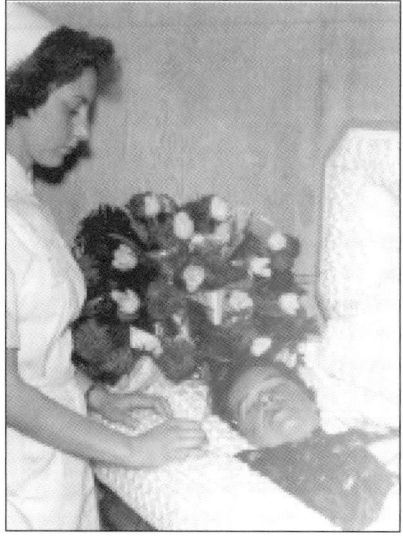

löste sich der Krampf in mir. Die Tränen rannen mir übers Gesicht. Das Schluchzen schüttelte meinen Körper. Kopf und Herz konnten erst jetzt die ganze bittere Wahrheit aufnehmen. Ich würde nie mehr in ihre Augen sehen können, nie mehr ihre Stimmen hören. Ich hatte meine Freunde unwiederbringlich verloren. An diesem Abend blieb ich bei ihnen, hielt Wache an ihren Särgen.

Abschied von Chris

Am folgenden Tag wurden sie in der kleinen Kirche von Bralorne aufgebahrt und dann am Fuße der Berge beigesetzt. Die ganze Stadt bekundete ihre Trauer und Anteilnahme am Tod der beiden jungen sympathischen Menschen.

Ich trug schwer an dem Verlust. Im Hospital erinnerte mich alles an Chris. Ich sah sie in Gedanken durch die Zimmer eilen, glaubte sie sprechen zu hören, sehnte mich danach, mit ihr einen

Blick, ein paar Worte wechseln zu können. Was mein Herz aber am meisten belastete, war, dass ich Chris mein Verhalten an jenem Morgen nicht mehr hatte erklären können, dass wir in Unstimmigkeit, ohne ein Wort der Entschuldigung und Verzeihung auseinander gegangen waren.

Auch andere Gedanken gingen mir durch den Kopf. Wenn ich mit Chris und Helmut auf den Pass gefahren wäre, hätten wir gewiss die Messungen im Gelände gemeinsam durchgeführt. Das wäre auch für mich der sichere Tod gewesen. Welche Kraft war es, die mich an dem Morgen zurückhielt, mit ihnen zu gehen? Ich lebte, aber zu diesem Zeitpunkt konnte ich mich noch nicht darüber freuen. Mein Kopf registrierte nur, dass ich der Katastrophe entgangen war.

Joe umsorgte mich rührend. Er kam zu mir, so oft es seine Zeit erlaubte. Matron Vi leistete mir abends Gesellschaft. Dieser Beistand war für meine wunde Seele wohltuend.

Viel Kraft brauchte ich noch einmal, als ich den Haushalt der beiden auflöste und das Haus ausräumte. Meine Freunde hatten sich im Laufe der Zeit ihr Heim geschmackvoll und gemütlich eingerichtet. Die meisten Möbelstücke hatte Helmut selbst gefertigt. Jedes Stück, das ich in die Hand nahm, erinnerte mich an sie. Die Schallplattensammlung nahm ich mit zu mir. In den einsamen Stunden hörte ich die Musik, die wir liebten, und fühlte mich auf diese Weise mit ihnen verbunden.

Einige Wochen waren vergangen. Joe kam mit einer großen Neuigkeit zu mir. Seine Bewerbung zur berühmten Royal Canadian Mounted Police war positiv beantwortet worden. Er war der erste Neueinwanderer, der zur Ausbildung an der RCMP-Schule in Regina / Saskatschewan zugelassen wurde. Er war sehr glücklich darüber, und ich war stolz auf ihn.

Die Ausbildung sollte im neuen Jahr beginnen. Das war schön, weil wir dadurch noch einige Zeit gemeinsam in Bralorne verbringen konnten. Wir stiegen auch noch einmal zum Pass hinauf. Wir fanden an der Unglücksstelle Reste der Schneelawine und Helmuts Skier. Wir nahmen Abschied von der Hütte. Ich erinnerte mich an die vielen frohen Stunden, die ich mit den Freunden hier verbracht hatte, auch an Chris' gute Wünsche in der Neujahrsnacht. Sie hatten sich nicht erfüllt. Mein Herz war wieder voller Trauer und Wehmut. Und der Anblick der gigantischen Bergwelt, der für mich immer so beeindruckend gewesen war, erfreute mich nicht mehr.

Joe traf seine Vorbereitungen für den Umzug zur Schule nach Regina. Er wusste, dass ihm eine anstrengende Zeit bevorstand. Es war bekannt, dass die Ausbildung hohe Disziplin und viel Ausdauer verlangte, aber Joe war zuversichtlich und freute sich auf den Beginn.

Bisher hatte ich mich für andere Provinzen nicht interessiert. Wo lag denn Joes Ausbildungsstätte? Saskatschewan ist eine Provinz im Zentrum Kanadas, weit entfernt von British Columbia.

Das Weihnachtsfest und Silvester hatten wir im Wohnheim mit den Schwestern und einigen Freunden gefeiert. Nun half ich Joe, das Auto für die Reise zu packen. Ich gab mir große Mühe, mir nicht anmerken zu lassen, wie schwer mir die Trennung fiel.

Es war schon ein großes Glück, dass ich in Bralorne viele gute Menschen kennen gelernt hatte, die mir in glücklichen und schweren Stunden Freunde waren und die ich auch nach Jahrzehnten nicht vergessen habe.

Über Briefe und Telefongespräche hatte ich ständig Kontakt mit Joe. Mit starkem Willen und großer Begeisterung bewältigte er die Ausbildung. Als ich ihn in Regina besuchte, beschlossen wir, dass ich dorthin übersiedeln sollte. Joe wollte mir eine Arbeitsmöglichkeit in einem Hospital in der Nähe der Stadt suchen. Er schenkte mir bei diesem Besuch sein Auto, den schönen Buick-Cabrio. Doch bevor ich mit ihm nach Bralorne zurückfahren konnte, musste ich erst den Führerschein für die Provinz Saskatschewan erwerben. Das Auto war schon für die Reise gepackt, als ich mich bei der Polizei zur Prüfung anmeldete. Im Laufe des Vormittags machte ich die Prüfungsfahrt, erhielt meinen Führerschein und begann meine Rückfahrt. Fast zweitausend Meilen lagen vor mir. Noch nie hatte ich eine so lange Strecke hinterm Steuer zurückgelegt. Ich fuhr zudem allein. Als ich in Bralorne nach gut verlaufener Reise ankam, war ich zufrieden mit mir. Unterwegs war ich auf einer Bergstraße wegen überhöhter Geschwindigkeit gestoppt worden. In ängstlicher Erwartung blickte ich den Polizisten an. Ich kam glimpflich weg, er verwarnte mich nur. Aber es brauchte mich nie mehr ein Polizist wegen dieses Deliktes anzuhalten.

Der kurze Frühling in Bralorne ging zu Ende. Durch das Auto war ich in der Lage, kleine Reisen zu unternehmen. Manchmal fuhr ich mit den Frauen aus Chris´ Nachbarschaft an den Kratersee. Ich suchte und fand Ablenkung in meiner Freizeit. Auch Rudi sah ich oft. In letzter Zeit sah ich unseren Freund Kraxelhuber häufiger. Wenn er auftauchte, dann mit Kamera auf der Brust, seiner bayerischen Trachtenkleidung und einem funkelnagelneuen Lederrucksack, aus dem das Gewehr herausguckte.

Da wir gerade nicht viele Patienten hatten, verlief der Wochenenddienst ruhig. Wir konnten es uns leisten, am Nachmittag im Schwesternzimmer bei einer Tasse Kaffee beisammen zu sitzen. Aus dieser Beschaulichkeit wurden wir durch fortgesetztes Hupen eines heranjagenden Autos aufgeschreckt. Sofort waren wir am Hospitaleingang. Denn wir vermuteten richtig, dass es sich nur um einen Notfall handeln konnte. Der Mann blutete am Kopf und Rücken aus vielen Wunden. Es war schlimm anzusehen. Der Fahrer hatte ihn in diesem Zustand vor seinem Haus am Ende der Stadt gefunden. Der Mann war völlig erschöpft gewesen und konnte nur noch sagen, dass er von einem Bären angegriffen worden war. Als wir ihn hineintrugen verrieten mir Kleidung und Lederrucksack, dass es unser Freund Kraxelhuber war.

Nach intensiver Wundreinigung sah man das Ausmaß seiner Verletzungen. Der Doktor versorgte vierundsechzig Wunden, die der Bär ihm mit seinen Krallen geschlagen hatte. Besonders tief und stark blutend war eine Bisswunde im Nacken. Die Wunden waren infiziert und heilten anfangs sehr schlecht. Unser Patient musste starke Schmerzen erdulden. Erst nach mehreren Wochen konnte er geheilt aus dem Hospital entlassen werden. Inzwischen hatte er uns berichtet, wie es sich zugetragen hatte. Beim Fotografieren vernahm er ein Geräusch. Als er in diese Richtung schaute, sah er einen Bären auf sich zukommen und sich aufrichten. Hans ließ die Kamera fallen und griff nach seinem Gewehr im Rucksack. Ich erinnerte mich, dass er uns das einmal vorgeführt hatte. Er hatte das trainiert. Aber das Gewehr blieb an der Rucksackschnur hängen. Und ehe er ein zweites Mal hingreifen konnte, hatte ihn der Bär schon von vorn angegriffen. Er krallte sich in der Kleidung fest, drückte Hans zu Boden und versuchte ihn in Bauch und Brust zu beißen. Hans kämpfte in Todesangst und verletzte den Bären am Auge. Der ließ kurz von ihm ab und schüttelte den starken Kopf. Diese Sekunden nutzte Hans, um sich auf den Bauch zu drehen. Erneut griff ihn der Bär an und fügte ihm die Bisswunde im Nacken zu. Hans rührte sich nicht mehr. Er stellte sich tot. In diesen Sekunden, als er dem Tode wirklich nahe war, besann er sich darauf, dass Bären keinen Toten angreifen. Der Bär hatte noch seine Pranken auf dem Rücken seines Opfers. Hans spürte auch dessen Nase, die an der blutenden Nackenwunde schnüffelte. Er war auf das Schlimmste gefasst, hielt den Atem an, doch nun ließ der Bär wirklich von ihm ab und trottete langsam davon. Hans aktivierte, von Angst und Schrecken getrieben, seine letzten Kräfte, schleppte sich durch den Busch bis zum ersten Haus.

Kurze Zeit nach seiner Entlassung aus dem Hospital verließ Hans Kanada und kehrte in seine Heimat nach München zurück.

Für mich hieß es nun ebenfalls, von Bralorne Abschied zu nehmen. Joe hatte für mich Arbeit gefunden. Das Hospital lag achtzig Meilen von Regina entfernt, inmitten der Prärie. Ich traf meine Vorbereitungen so, dass ich noch vor Wintereinbruch reisen konnte, denn meine Fahrtroute führte über mehrere Pässe der Rocky Mountains. Im Hospital hatte man mir eine wunderschöne Abschiedsparty gegeben. Nun hatte ich nur wenig geschlafen, als ich mein Auto für die lange Reise startete. Bevor ich Bralorne verließ, verabschiedete ich mich am Grab von Chris und Helmut.

Die Herbstfärbung und die Morgenkühle passten zu meiner Stimmung. Als ich ein Stück gefahren war, ließ ich die Fensterscheibe herunter, um mir den Fahrtwind um die Ohren blasen zu lassen. Ich summte zu den Weisen aus dem Radio. Meine Gedanken schweiften ab, ich spürte die Müdigkeit.

Plötzlich gab es einen starken Ruck. Das Auto stand. Ich musste am Steuer eingeschlafen sein. Ich schaute nach vorn, sah keine Straße. Mir stockte der Atem. Die Vorderräder standen unmittelbar am Rande eines Abgrundes. Ich saß im Auto und sah die Tiefe vor mir. Was hatte das Auto zum Stehen gebracht? Das war mystisch, unerklärbar für mich. Ich sprach ein Dankgebet. Jetzt wusste ich, dass Gott an meiner Seite war und ich bat, dass er mich auch weiterhin beschützen möge.

Auf meiner Fahrt kam ich über den Trans Canada Highwey zum Jasper Nationalpark. Hier nahm ich mir die Zeit, den regenbogenfarbenen Wasserfall Sunwapta zu bestaunen und sah viele stattliche Elche mit ihren Geweihschaufeln. Dann erblickte ich von weitem die schneeweiße Krone des Berges Cavell. Am Chateau Laka Louisa bewunderte ich die Blütenpracht verschiedener Blumen, die ich aus meiner Heimat nicht kannte: gelbe Poppies und Indian paint brush, Indianerfarbpinsel.

Auf der Straße war nur wenig Verkehr, es war ein Vergnügen, Auto zu fahren. Nach einer weiteren Passüberquerung erkannte ich die Foothills von Alberta, das kleine Vorgebirge der Rockys. Die Landschaft zeigte sich in üppigem Grün. Große Rinderherden weideten dort. Bald musste ich auch anhalten, weil Lasso schwingende Cowboys ihre Herde über die Straße trieben. Ich musste schmunzeln, weil mich das an Bilder eines Filmes erinnerte.

Je weiter ich nach Osten kam, je flacher wurde das Land. Immer wieder sah ich Rinderherden, auch Wildpferde. Nun lag die unendlich weite Prärie vor mir. Ich erreichte Grenfell, die Stadt, in dessen Hospital ich fortan arbeiten wollte.

Die unendliche Weite der Prärie

Grenfell war eine von Farmerland umgebene Kleinstadt. Hier in der Prärie hatte jede dieser Ortschaften ein Hospital. Oft gab es darin nur wenige Betten, aber die Menschen des Umlandes konnten so medizinisch versorgt werden. Zu den größeren Städten wären die Entfernungen für die Patienten zu groß gewesen. Grenfell war leicht zu finden. Es lag am Highway Nr. 1. Der Highway verlief, wie mit einem riesigen Lineal gezogen, quer durch das Land. Und da dies eben wie ein Tisch war, konnte man unendlich weit auf dieser Straße schauen. Die Leute sagten schelmisch, dass man bei ihnen den Postboten acht Tage vorher erkenne.

Links und rechts der Straße erstreckten sich gewaltige Felder. Das Getreide war schon zum größten Teil eingefahren. Hohe Getreidespeicher zeigten einem von weitem die Ortschaften an und kündeten vom Getreidereichtum dieses Landstriches.

Im Hospital wurde ich erwartet und sehr freundlich begrüßt. Dieses Hospital verfügte über fünfzehn Betten. Es wurde von einem jungen Arzt geleitet, der aus England kam. Zum Personal gehörten neben der leitenden Schwester noch drei Schwestern und mehrere Helferinnen. Es wurde in drei Schichten gearbeitet. Je eine Schwester und zwei Helferinnen hatten gemeinsam Dienst. Die leitende Schwester war immer am Vormittag anwesend.

Da das Hospital nicht über Personalwohnungen verfügte, hatte mir die Matron ganz in der Nähe eine Unterkunft organisiert. Bei einer Witwe, die zwei Töchter in meinem Alter hatte, erhielt ich ein freundliches Zimmer. Ich hatte es wieder einmal gut getroffen.

Unser Doktor bewohnte mit seiner Familie ein geräumiges Haus auf einem parkähnlichen Grundstück. Seine Frau, eine charmante Holländerin, war im Ort sehr beliebt. Die Familie hatte neben den beiden eigenen Kindern noch zwei Adoptivkinder aus Deutschland. Mit dem deutschen Kindermädchen hatte ich gleich guten Kontakt. Die vier Kinder waren sehr temperamentvoll und hielten uns oft in Atem. In dem freundlichen Haus fühlte ich mich bald zu Hause.

Unsere Patienten, meist Farmer und ihre Familien, waren einfache und fleißige Menschen. Der Umgang mit ihnen deshalb unkompliziert. Ihre Vorfahren waren aus Deutschland und Polen eingewandert. Auch Russlanddeutsche lernte ich kennen. Weil die Vorfahren aus Bayern, Schwaben und der Pfalz stammten, sprachen die Leute auch jetzt noch diese Dialekte. Hochdeutsch war ihnen fremd. Sie waren stolz, ihre Muttersprache noch zu beherrschen, und nutzten die Gelegenheiten, mit mir deutsch zu sprechen.

Ein Teil unserer Patienten kam aus dem Indianerreservat, das es hier in der Nähe gab. Sie erinnerten mich an meine erste Begegnung mit Indianern, damals im Zug von Vancouver nach Shallath. Als Patienten waren sie außerordentlich geduldig und bescheiden. Im Hospital wurden keine Unterschiede zwischen Weißen und Indianern gemacht Sie lagen in den Zimmern nebeneinander und erhielten gleiche Pflege und Betreuung.

Sehr zu Herzen ging mir, wenn wir Indianerkinder behandelten. Sie trugen oft deutliche Zeichen von Unterernährung. Ihre Augen schauten unter den Lidern wie schwarze Tropfen hervor. Manchmal musste ich sie ganz einfach in die Arme schließen. Und nicht selten beschäftigte ich mich auch in meinen Träumen mit ihnen.

Einmal, als ich mit dem Kindermädchen Renate im Haus des Doktors war, kam er mit einem Bündel unter dem Arm nach Hause. In der Küche legte er das Bündel behutsam auf den Tisch und wickelte es auf. Wir standen dabei und wollten unseren Augen nicht trauen. Ein kleines Indianerbaby kam zum Vorschein. Es schlief und hatte seine kleinen Fäustchen fest in den Mund gedrückt. Die Mutter des Kleinen war einen Tag nach der Geburt einfach davongelaufen und hatte das Baby im Hospital "vergessen".

Der Doktor lächelte: "Das gehört nun auch zu uns." Und dann erteilte er die notwendigen Aufgaben, damit es dem kleinen Erdenbürger in diesem Haus an nichts fehlte. Einer musste Windeln kaufen, der andere Babynahrung besorgen, ein Kinderbettchen musste aufgestellt werden. Aber jeder half gern. Der Kleine war mit seinem dichten schwarzen Haar und den großen Kulleraugen gar zu niedlich. Jeder von uns wollte Babysitter sein.

Inzwischen war ein Jahr vergangen. Der Kleine hatte sich prächtig entwickelt, krabbelte munter auf dem Boden herum. Überall im Haus war sein kräftiges Stimmchen zu hören.

Ein schrilles Klingeln an der Haustür veränderte mit einem Schlag das behütete Leben des Kleinen. Draußen stand die Mutter, begehrte Einlass und verlangte ihr Kind. Alle wussten, dass dagegen nichts zu tun war, die Mutter hatte das Recht auf ihrer Seite. Renate traten die Tränen in die Augen, als sie den Kleinen anzog. Sie gab ihn der Frau des Doktors auf den Arm. Er schmiegte sich an seine Pflegemutter und hielt deren Finger mit seinen kleinen Händen fest umschlungen. Die Kinder rannten in den Park. Sie konnten nicht zuschauen, dass der Kleine jetzt weg musste. Es war ein schwarzer Tag für die ganze Familie. Ihre Befürchtungen für die Zukunft des Kindes waren berechtigt.

Einige Monate später brachte der Häuptling der Reservation den Kleinen ins Hospital. Wir waren entsetzt. Das Kind war so verwahrlost und halb verhungert. Die Überlebenschancen waren gering. Aber der Kleine erholte sich zu unser aller Freude wieder. Die Mutter jedoch ließ sich nicht blicken. So nahm ihn der Doktor wieder in seine Familie auf mit der Absicht, ihn zu adoptieren. Dafür war die Zustimmung der Mutter notwendig, aber die war nicht ausfindig zu machen.

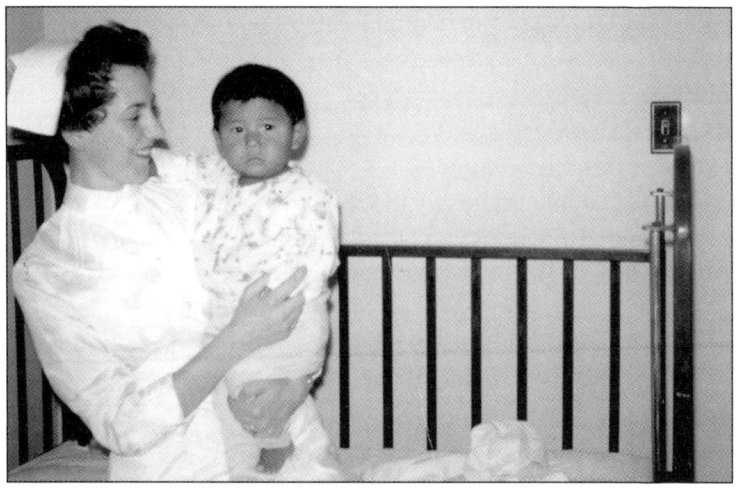

Ambrose, der kleine Indianerjunge

Inzwischen konnte der Junge laufen, war gesund und plapperte munter daher. Alle hatten das traurige Zwischenspiel schon fast vergessen, als die Mutter wieder auftauchte und das Kind forderte. Alle Versuche und Bitten, das Kind hier in der Familie des Doktors zu belassen, wo es ihm gut ging, waren vergeblich. Die Mutter nahm den Jungen mit. Diesmal war es ein Abschied für immer. Schon nach einem halben Jahr war er tot. Es schmerzte uns alle sehr, dass wir ihn nicht vor diesem Schicksal bewahren konnten.

In meiner Freizeit war ich mit dem Auto unterwegs, um die Umgebung kennenzulernen. Mir gefiel die Prärie nicht. Ich vermisste die Berge und die Wälder.

Ich sprach darüber mit einem älteren Farmer. Er gab mir das Gefühl, mich zu verstehen. Am Ende unseres Gespräches lud er mich zu sich auf die Farm ein.

Entsprechend unserer Verabredung holte er mich mit seinem Jeep ab. Die Farmen lagen sehr weit voneinander entfernt. Es dauerte folglich geraume Zeit, bis wir seine Farm erreichten. Sie machte auf mich , vor allem was das Haus und sein Umfeld betraf, einen gepflegten Eindruck. Auf der Veranda des Hauses wurde das Abendessen in freundlicher Atmosphäre eingenommen. Die Hausherrin war eine sehr sympathische Frau. Nach dem Essen genoss ich es, im Schaukelstuhl zu sitzen. Mein Blick schweifte in die Umgebung, und da es außer Ebene ringsum nichts zu sehen gab, fühlte ich die Sehnsucht nach den Rocky Mountains besonders stark. Als hätte er meine Gedanken und Gefühle erraten, stand mein Gastgeber auf, um mir etwas zu zeigen. Seine Frau redete mir zu, mit ihm zu gehen. Wir stiegen in den Jeep. Schon nach kurzer Fahrt hielt er an. Ich war ein bisschen verwundert, denn ich fand nichts, was er mir hier hätte zeigen können. Er lächelte, beschrieb mit der rechten Hand einen weiten Bogen und sagte: "Öffnen sie ihre Augen und Ohren weit!" Es war still. Kein von Menschen erzeugtes Geräusch drang an mein Ohr. Aber ich hörte, wie der Wind leise sang, die Grillen ihre Abendmelodie zirpten, Vögel vor Sonnenuntergang ihr Liedchen zwitscherten und trällerten. Wann hatte ich das letzte Mal so aufmerksam auf die Natur gehört? Und der ausschweifenden Geste des Farmers mit den Augen folgend sah ich, dass sich das Getreide sanft hin und her bewegte, als wären es Wellen im Meer. Als dann die Sonne unterging, war es mir, als versänke sie in dem goldenen Getreidemeer.

Ich war dem alten Farmer sehr dankbar, dass er mich angehalten hatte, die Reize der Prärie zu entdecken. Fortan fuhr ich mit anderen Augen durchs Land und lernte es lieben.

In dem erwähnten Reservat dieser Gegend lebten die Cree-Indianer. Man sagte von ihnen, dass sie ein Stamm seien, der nicht gern handwerklich arbeitet. Mich interessierte ihre Lebensweise und ihre Geschichte. Und wo immer ich die Möglichkeit hatte, beobachtete ich sie oder suchte Kontakt zu ihnen.

Als ich einmal auf dem Heimweg vom Nachtdienst war, bemerkte ich am Zaun des Hospitals ein Zelt, bunt bemalt und spitz. Ich ging zurück, um eine Kollegin zu holen und ihr meine Entdeckung zu zeigen, denn ich konnte mir beim besten Willen nicht vorstellen, was das zu bedeuten hatte. Meine Kollegin aber schaute nur kurz hin und sagte: "Ach, Wally, das ist nur ein Tipi mit Indianern."

Ich ging neugierig auf das Zelt zu. Alles war ruhig. Sicher war gar niemand darin. Ich entdeckte eine kleine Luke, öffnete sie, schaute hinein. Mehrere erwachsene Indianer und Kinder schauten mich erschrocken oder auch böse an. Ich wich zurück und stammelte auf deutsch: "Entschuldigung!" Dann rannte ich eilenden Schrittes davon.

Wenn die Indianer bei uns als Patienten waren, hörte man sie nie jammern oder klagen. Für ein freundliches Wort gaben sie einen dankbaren Blick zurück. Es kam vor, dass sie abends aus dem Fenster stiegen und die Nacht auf der Reservation zubrachten. Doch morgens kamen sie zurück und legten sich wieder in ihr Bett, als wäre nichts geschehen.

Die Orte lagen dreißig bis fünzig Meilen auseinander, jeder Ort mit einem kleinen Hospital. Die Ärzte halfen sich gegenseitig bei den Operationen. War der Arzt nicht anwesend und es kam ein Notfall, wurden telefonisch Order entgegengenommen. Kleine Wunden mussten wir Nurses selbst nähen und versorgen. Wir mussten Diagnosen stellen und die Patienten untersuchen.

Eines Nachmittags kam eine sehr junge zierliche Indianerin zur Entbindung ins Hospital. Der Doktor war außer Haus. Wie es üblich war, half er einem Kollegen in einem anderen Hospital bei einer Operation. Ohne diese gegenseitige Hilfe hätte man in unseren kleinen Hospitälern nicht operieren können. Der Doktor erwartete von uns, dass wir bei seiner Abwesenheit die Entbindungen hinauszögern, bis er zurück ist. Bei den weißen Frauen ging das meist, aber die Indianerinnen kamen so spät zu uns, dass das Baby kurze Zeit nach der Aufnahme zur Welt kam. Bei ihnen waren die Geburten aber auch fast immer problemlos.

Ich schaute die junge Frau freundlich an. Mein Herz klopfte vor Aufregung. Ich hatte bisher noch niemals allein eine Frau entbunden. Aber diese junge Frau wirkte auf mich so sympathisch. Ich wollte sie meine Unsicherheit nicht spüren lassen. Das gelang mir wohl auch. Mich voller Vertrauen anschauend, folgte sie mir in den Kreißsaal. Ich begann, alles für die Geburt vorzubereiten. Oft genug war ich dem Arzt zur Hand gegangen und habe die Narkose machen müssen. Aber jetzt war ich allein. Lediglich eine Helferin konnte mir zur Seite stehen. Sie schaute auch ab und zu herein, um zu fragen, ob sie schon gebraucht werde, denn die anderen Patienten mussten doch ebenfalls versorgt werden.

Gott sei dank! Die Entbindung verlief ohne Komplikationen. Einem kleinen Indianerjungen half ich, das Licht der Welt zu erblicken. Als ich ihn in den Händen hielt, lagen seine dichten schwarzen Haare feucht glänzend fest am Kopf. Der ganze kleine Körper war leicht behaart. Am Steißbein hatte er einen dunkelblauen Hautfleck. Diesen Fleck hatte ich auch schon bei anderen Indianerbabys gesehen.

Der Kleine erfüllte mich so mit Freude. Nun sagte ich der jungen Mutter, dass es meine erste Entbindung war. Sie lachte. Es war ja alles gut gegangen. Als sie das Hospital mit ihrem Baby wieder verließ, lud sie mich ein, sie in der Reservation zu besuchen.

Ich nahm die Einladung gern an. Es interessierte mich, wie die Indianer dort lebten. Als ich mit meinem Auto in die Reservation einbog, wich meine Neugier schnell einem beklemmendem Gefühl.

Schrottreife Autos und verrostete alte landwirtschaftliche Geräte standen überall herum. Neben den verstreut stehenden kleinen Holzhäusern waren Tipis aufgestellt. Ich gewann eine ganz neue Vorstellung von unserer Zivilisation.

Nach längerem Suchen und Fragen fand ich meine Patientin. Freudestrahlend kam mir die kleine zierliche Person aus einem kleinen grünen Holzhaus entgegen. Ihr blauschwarz schimmerndes Haar fiel locker auf ihre Schultern. Sie trug einen Lederrock mit einer eng anliegenden Bluse. Sie sah wunderschön aus. Auch bei ihr stand neben dem Hause ein Tipi. Sie bat mich ins Haus und öffnete die Tür zum Wohnraum. Das war ein kahler Raum. Außer einem Sitzteppich und einem Stuhl für mich, gab es kein Möbelstück in diesem Zimmer. Das Baby lag sicher eingebunden in einer Hängematte. Mit einer daran befestigten Schnur schaukelte die stolze Mutter ihr Kleines.

Ich saß da, staunte und fühlte mich in eine andere Welt versetzt. Meine Patientin wurde nicht müde, meine Fragen zu beantworten.

Die Holzhäuser hatte die Regierung für die Indianer bauen lassen. Seit vielen Generationen an das Leben im Zelt gewöhnt, stellten sie neben die Häuser ihr Tipi, in dem sie den Sommer über lebten. Mich, den weißen Gast, hatte sie jedoch im Holzhaus empfangen.

Sie erzählte mir, dass sich die Indianer dem Gott der Weißen unterstellten. Ihre Sitten und uralten Gewohnheiten lebten aber weiter. Da sich in der Reservation die Lebensumstände sehr von denen der Vorfahren unterschieden, waren Probleme und Komplikationen vorprogrammiert.

Warum lag auf der Reservation so entsetzlich viel Unrat herum?

In alten Zeiten verließen die Cree-Indianer ihren Lagerplatz, wenn er verschmutzt war, und schlugen ihre Zelte an einem anderen, weit entfernten sauberen Platz wieder auf. Die Reservation machte das unmöglich.

Die Cree-Indianer hatten vorrangig von der Jagd gelebt.

Jetzt hatten sie keine Jagdgründe mehr.

Mit der Übergabe landwirtschaftlicher Geräte wollte der Staat erreichen, dass sie Gartenbau und Landwirtschaft in der Reservation betreiben. Das taten sie nicht. Im Gegenteil, wenn einzelne Indianerfamilien mit dem Ackerbau begonnen hatten, machten andere ihre Arbeit wieder zunichte.

Die Farmer im Umland hatten kein Verständnis dafür. Aber konnte man das Verhalten wirklich nur mit Faulheit erklären?

Vom Staat erhielten die Indianer Gutscheine für Lebensmittel und Kleidung. Das bewahrte sie vor dem Verhungern. Zufrieden machte sie das nicht. Sie wollten Geld und brachten ihre Unzufriedenheit so lange zum Ausdruck, bis eine gesetzliche Regelung geschaffen war, wonach sie die staatliche Unterstützung in Form von Geld bekamen.

Schlimm war das Problem mit dem Alkohol.

Berauschende Getränke hatten sich die Indianer schon in alter Zeit zubereitet und bei verschiedenen Ritualen und Festen genossen. Mit dem Alkohol des weißen Mannes konnten sie offensichtlich nicht umgehen. Sie reagierten nach Alkoholgenuss aggressiv und unberechenbar oder tranken bis zur Bewußtlosigkeit.

Solange die Indianer Lebensmittelgutscheine hatten, verbot die Regierung die Ausgabe von Alkohol an sie.

Nachdem die Indianer Geld erhielten, verbot man ihnen, in Bars zu gehen. In den Geschäften konnten sie natürlich Alkohol kaufen.

Das führte in vielen Familien dazu, dass den Frauen nur wenig Geld für Lebensmittel blieb. Wir erlebten im Hospital die Folgen. Hungernde Kinder mit aufgeblähten Bäuchen wurden bei uns eingeliefert.

Auf der Suche nach einem Ausweg änderte die Regierung erneut die Gesetze. Nun waren die Indianer nicht mehr vom Besuch der Bars ausgeschlossen. Sicher hat das in mancher Hinsicht die Situation entschärft. Aber es konnte einem das Herz weh tun, wenn man sah, dass Indianer mit ihren Frauen in der Bar aßen und tranken, während die Kinder vor der Tür auf sie warteten.

Ich hatte wieder einmal Nachtdienst. Im Hospital war alles ruhig. Die Helferin saß mit mir im Dienstzimmer. Wir waren mit unseren Schreibarbeiten beschäftigt. Ums Haus heulte der Wind. Draußen herrschte klirrende Kälte. Da blieb jeder am liebsten zu Hause. Wir hörten aber Autolärm vorm Hospital. Im nächsten Augenblick wurde auch schon stürmisch geklingelt und heftig mit der Faust gegen die Eingangstür getrommelt.

Obwohl uns der Schreck in die Glieder fuhr, rannten wir doch schnell zur Tür, öffneten und erblickten im Lichtkegel der Lampe den Indianerhäuptling, der mit wilden Gesten zur Straße zeigte. ”Quick, quick, baby in car!” "Schnell, schnell, Baby im Auto!” Dieser Alarmruf ließ uns Frost und knirschenden Schnee vergessen. Am Abend waren es zwanzig Grad minus. So, wie ich war, rannte ich zum Auto. Bis zu den Waden versank ich im Schnee. Ich öffnete die Autotür nur einen Spalt und sah die Bescherung. Die Indianerin hatte gerade im Auto ein Kind geboren. Ohne einen weiteren Gedanken stürzte ich zurück ins Hospital, griff nach dem Notentbindungsset und war auch schon wieder am Auto. Im Schnee kniend, nabelte ich das Baby ab. Es lag auf dem Boden des alten unbeheizten Autos. Die Helferin trug das kleine frierende Kindchen schnell ins Säuglingszimmer und versorgte es. Ich blieb bei der Mutter und bemühte mich um sie, bis die Placenta gekommen war. Der Häuptling wich nicht von unserer Seite. Dann geleitete ich die Patientin am Arm ins Hospital. Jetzt erst drang in mein Bewußtsein, dass meine Glieder steif gefroren waren. Die Wärme des Hospitals tat gut. Auch bei meiner Patientin rührten sich die Lebensgeister. "Ich habe verdammt Hunger, Nurse!"

Am folgenden Abend holte der Häuptling die junge Frau wieder ab, das Baby sollte noch für ein paar Tage im Hospital bleiben.

Ich begleitete die Patientin zum Auto. Ein bisschen Neugier war dabei. Das Auto war bei der Geburt ziemlich schmutzig geworden. Was hatte der Häuptling gemacht?

Den blutverschmierten Bezug hatte er einfach herausgeschnitten. Nun setzte sich die junge Frau auf die Polsterwolle, aus der hier und da die Federung herausguckte.

Der Häuptling fühlte sich offensichtlich genötigt, noch etwas zu erklären. Er gab mir zu verstehen, dass es am Vorabend doch sehr eilig gewesen wäre und er sei auf der Fahrt zum Hospital über die zu überquerenden vier Bahngleise etwas zu schnell gefahren. Bei der schlechten Federung des Autos sei die Schwangere arg durchgeschüttelt worden. So sei das Baby schon im Auto zur Welt gekommen.

Ich schmunzelte, verabschiedete mich und ging zurück, meinen weiteren Dienst zu versehen.

Manchmal, wenn ich zum Hospital ging, fühlte ich ein eigenartiges Kribbeln im Bauch. Das war meist ein untrügliches Zeichen, dass sich etwas Besonderes ereignen würde. Diesmal sagte ich meiner Helferin von meiner Vorahnung. Zu dieser Helferin hatte ich ein besonders gutes Verhältnis. Als kurz nach Mitternacht das Telefon schrillte, stürzten wir beide gleichzeitig zum Hörer. Wir hörten eine aufgeregte Frauenstimme. Sie nannte ihren Namen, dann: "Kommen Sie schnell! Ich bekomme ein Baby, bin allein in der Wohnung." Das Telefon verstummte, noch ehe wir nach der Adresse fragen konnten. Auch den Namen hatten wir in der Eile nicht eindeutig verstanden. Nur "Mc" hatten wir noch im Ohr.

Achselzuckend standen wir vor dem Telefon. Konnte uns vielleicht das Telefonbuch weiterhelfen? Während die Helferin darin suchte, eilte ich durch die Zimmer, um noch schnell nach den

Patienten zu schauen und holte das Entbindungsset. Einer Patientin, die wach lag, erläuterte ich die Situation und bat sie, solange wir aus dem Haus seien würden, "Wache" zu halten.

Inzwischen hatte die Helferin im Telefonbuch einen Namen gefunden, der so klang, wie sie es von der hilfesuchenden Frau verstanden hatte. Nun rasten wir in meinem Auto zu dieser Adresse. Die Tür des Hauses war nicht verschlossen. Als wir eintraten, rief uns die Frau schon aus dem Wohnzimmer. Wir eilten zu ihr und fanden sie auf dem Fußboden sitzend, an die Couch gelehnt. Sie lächelte uns zu.

Vor ihr lag das Neugeborene.

Auch ohne unsere Hilfe war alles gut gelaufen. Die Frau war eine erfahrene Mutter. Es war ihr viertes Kind. Sie blieb daheim bei ihren drei älteren Kindern. Das Baby nahmen wir mit aufs Säuglingszimmer unseres Hopitals. Dort war es inzwischen ruhig geblieben. Die übrigen Patienten hatten unsere Abwesenheit gar nicht wahrgenommen.

Wenn sich etwas Außergewöhnliches in meinem Dienst ereignete, hatte ich immer das Bedürfnis, Joe anzurufen und ihm das mitzuteilen. Er nahm reges Interesse an meiner Arbeit.

Es war nun schon eine Weile her, dass Joe seine Ausbildung beendet und die Prüfung bestanden hatte. Zur Abschlußfeier wurde ich eingeladen. Die jungen Constables zeigten sich stolz in ihren neuen Uniformen: leuchtend rote Jacke mit breitem Gürtel und Pistolengurt, blaue Bridgeshosen mit gelben Streifen an den Seiten, auf Hochglanz polierte, eng sitzende, lange braune Stiefel und ein großer, breitkrempiger Hut mit Lederband.

Joe, der Mountie in der Chapel

Als sie auf den Pferden ihr Können zeigten, ging ein Raunen der Bewunderung durch die Halle. Joe war Vorreiter. Das war nicht verwunderlich. Schon als Kind, auf dem elterlichen Gut in Pommern, hatte er gelernt, mit Pferden umzugehen.

Die Uniform der „Königlichen Kanadischen Berittenen Polizei"

Nach der Ausbildung wurden die jungen Polizisten in den verschiedensten Landesteilen eingesetzt. Joes Dienststelle lag zweihundert Meilen von Regina entfernt. Wir konnten uns nicht mehr so oft sehen. Dafür glühte das Telefonkabel.

Der nächste Winter hielt seinen Einzug in der Prärie früh und mit einem Paukenschlag, einem Blizzard. Diese extremen Schneestürme kosteten schon viele Menschen das Leben. Man musste sich bestmöglich auf solche Naturereignisse vorbereiten. Für uns Autofahrer gab es deshalb eine polizeiliche Vorschrift, wonach jedes Auto für den Winter mit Winterreifen, einer Schaufel, einem Sandsack und Wolldecken ausgerüstet sein musste.

Ein Blizzard kann mehrere Stunden dauern, und die Sicht ist unter Umständen so schlecht, dass man das Ende der Motorhaube nicht erkennen kann.

Die Farmer spannten vom Wohnhaus zu den Stallungen Leinen, an denen sie sich orientieren, an denen sie entlanggehen konnten. Im letzten Winter war in unserer Gegend ein Farmer erfroren, weil er während eines Blizzards auf seinem Hof die Orientierung verloren hatte. Auf diesen Farmergrundstücken lagen die Stallungen nicht so nah beieinander, wie es bei deutschen Gehöften üblich war.

Der Winter bot selbstverständlich viele Möglichkeiten für sportliche Betätigung. Für das Ski fahren gab es keine Berge. Man half sich, indem man sich von Pferden ziehen ließ. Neben diesem Vergnügen erfreuten sich Curling und Hockey großer Beliebtheit.

Die jungen Leute begeisterten sich für Autorennen auf einem zugefrorenen See. Mit Hilfe einer Schneeraupe oder einer Schneefräse wurden die Schneemassen geräumt und auf diese Weise eine Rennpiste präpariert. Schon konnte das Rennen beginnen. Einer Genehmigung bedurfte es nicht. Nur die Eisschicht musste stabil genug sein, doch das war bei minus achtunddreißig Grad gegeben.

Die Angler kamen beim Eisfischen auf ihre Kosten. Verstreut über den See standen die kleinen Angelhütten mit ihren qualmenden Ofenrohren. Das machte mich neugierig, das musste ich mir genauer ansehen. Der Angler hatte im Inneren der Hütte ein Loch ins Eis geschlagen. Er saß bequem auf dem Stuhl und angelte und konnte durchs Fensterchen hinaus auf den See schauen. Das Öfchen hielt indes das Loch eisfrei und wärmte auch ihn.

Die regelmäßigen Briefe meiner Mutter waren für mich wie
wärmende Sonnenstrahlen in diesem Winter. Ich freute mich mit
ihr, als sie endlich aus der Haft entlassen wurde. Inzwischen hatte
ich auch die Erlaubnis bekommen, meinem Vater einmal monat-
lich einen Brief ins Zuchthaus zu schicken. Er durfte mir mit wenigen Zeilen antworten. Für Vater und uns alle schienen die drei Jahre im Zuchthaus als politischer Gefangener unendlich. Um so glück-
licher waren wir, als er frei kam. Doch die Freude seiner Heimkehr
währte nicht lange. Vater wurde auf die Kreisstelle beordert, wo
man ihm seine Papiere und den Führerschein aushändigen wollte.
Dafür forderte man von ihm als Gegenleistung, dass er die Dienststelle über die politische Gesinnung seiner Bekannten und über
ihre Haltung zur Regierung informieren sollte. Das lehnte er entrü-
stet ab. Ohne Gruß verließ er die Behörde. Völlig aufgelöst über so
viel Unverschämtheit, fuhr er nach Hause.

Zwei Tage später kam abends ein Bekannter zu meinen Eltern
und informierte sie darüber, das die Behörde beabsichtige, Vater
erneut zu inhaftieren. Da der Mann selbst in dieser Behörde arbeitete, konnte man ihm Glauben schenken. Mein Vater verließ noch
in der gleichen Nacht Stolberg. Er sah seine Heimat nie wieder.
Nach einer Odyssee durch mehrere Städte fand er im Kraichgau, in
der Nähe von Karlsruhe, ein neues Zuhause.

Vater hatte eine Herzkrankheit. Er litt unter dem Alleinsein. Es
war für ihn ungewohnt, sich um den Haushalt zu kümmern, sich
selbst zu versorgen.

Ich las aus Mutters Briefen, wie sie sich um Vater sorgte und
wie es sie quälte, den kranken Mann allein zu wissen. Aber auch
Mutters finanzielle Lage wurde immer schlechter. Sie wusste nicht,
wie es weitergehen sollte. Deshalb bat sie mich, für einige Zeit
nach Deutschland zu kommen und mich um Vater zu kümmern.
Selbstverständlich folgte ich dieser Bitte.

Ich gab meine Arbeit im Hospital auf. Das Zimmer bei meiner

Landlady durfte ich bis zu meiner Rückkehr behalten.

Bei der Hanseatic buchte ich eine Schiffspassage von New York nach Bremen. Dort holte mich mein überglücklicher Vater ab und fuhr mit mir in seinem VW Käfer in Richtung Karlsruhe.

Freundschaftliche Beziehungen verhalfen ihm zu einer geräumigen Neubauwohnung. Nun gingen wir daran, sie einzurichten. Bei unserem Vorhaben bedachten wir stets, wie Mutter es schön und gemütlich fände, denn wir wollten alles für eine baldige Familienzusammenführung tun.

Bald fühlten wir uns schon recht wohl in der Wohnung. Vater ging es gesundheitlich sichtlich besser. Ich bemühte mich, Hausfrau zu spielen. Meist standen wir gemeinsam am Herd. Jeder steuerte seine geringen Kenntnisse in der Kochkunst bei, damit wir zu einem schmackhaften Essen kamen.

Lächelnd beobachtete ich meinen Vater, wenn er mit dem Staubwedel durch die Wohnung ging. So hatte ich ihn früher nie gesehen und ich stellte mir Mutters Kommentar vor, wenn sie ihn so sehen könnte.

Ich wollte und musste mich natürlich beruflich betätigen und hoffte, mir hier in Heidelberg an der Chirurgischen Universitätsklinik neue Kenntnisse aneignen zu können.

Anfangs war ich jedoch enttäuscht über die alten Strukturen in dieser Klinik.

Solch riesige Krankensäle mit uralten Betten hatte ich seit meiner Schülerinnenzeit nicht mehr gesehen. Die kleinen Nachttische der Patienten waren für ein Krankenbett unpraktisch. Dazu waren sie meist überladen mit Obst, Kuchen, Wein und Bierflaschen. Es machte den Eindruck, als müssten sich die Patienten selbst versorgen, dabei war das Klinikessen reichlich und gut.

Die Arbeitsorganisation fand ich haarsträubend. Wenn ich fragte, warum man dies oder jenes nicht anders machte und damit Arbeitserleichterung schaffte, erhielt ich zur Antwort: "So wird es bei uns schon immer gemacht."

Die Stationsschwester war schon dreißig Jahre auf dieser Station tätig. Gleichzeitig mit mir hatte eine Schwester auf der Station zu arbeiten begonnen, die aus der Bonner Universitätsklinik kam. Sie hatte in Bonn fortschrittlicheres Arbeiten kennengelernt und war wie ich über die hiesigen Zustände entsetzt.

Zur alten Stationsschwester bauten wir ein gutes Arbeitsverhältnis auf. Wir ließen sie unsere Wertschätzung spüren und bewunderten ehrlichen Herzens ihr hohes Fachwissen. Auf dieser Grundlage gelang es uns, allmählich Veränderungen auf der Station zu erreichen. Insgesamt konnte ich in der Heidelberger Klinik trotz alledem viel hinzulernen.

Die freien Tage verbrachte ich bei meinem Vater und kam meinen Hausfrauenpflichten nach. Immer wieder beschäftigten wir uns damit, wie wir die Familie zusammenführen könnten. Durch den Mauerbau in Berlin waren die Fluchtmöglichkeiten sehr eingeschränkt worden. Wir wussten nicht, wie sich die Lage weiter entwickeln würde. Uns war klar, das wir schnell handeln mussten.

Auf Grund meiner ausländischen Adresse wurde mir eine Einreiseerlaubnis in meine Heimat erteilt. Ich nutzte meinen Aufenthalt, um mit Mutter und Bruder einen Fluchtplan zu beraten und abzusprechen, wie wir uns brieflich darüber verständigen wollten. Es war sicher, dass Mutters Briefe abgefangen und kontrolliert wurden.

Wir fingen an, einen möglichst genauen Fluchtplan auszuarbeiten. Dazu fuhr ich mit der Bahn an die Werra. Ich hatte mir eine Landkarte von der Gegend besorgt und schaute mich anhand dieser Karte sehr genau um.

Auf der Rückfahrt saß in meinem Zugabteil ein amerikanischer Soldat. Ich begann, ihn nach den Verhältnissen an der hiesigen Grenze zu fragen. Er reagierte sehr zurückhaltend. Nachdem ich ihm aber erzählte, dass ich schon seit Jahren in Kanada arbeitete und eigentlich hier nur zu Besuch sei, gab er bereitwillig Auskunft.

Er war Grenzsoldat, kannte sich gut aus. Obwohl er das Überqueren der Grenze insgesamt als schwierig einschätzte, war er aber
der Meinung, dass es einige Abschnitte gäbe, wo es möglich wäre.

Nun musste die Flucht für Mutter und Bruder detailliert vorbereitet werden. In unserem Briefwechsel tarnten wir sie als Hochzeit unserer Freunde hier in Westdeutschland. In jedem Brief wurde "das Fest" mit wenigen Sätzen erwähnt. Wir wollten im Falle
einer Zensur keinen Verdacht wecken. Endlich war alles soweit
vorbereitet, dass ich meiner Mutter mitteilen konnte, dass "die
Hochzeit" am 22. Dezember in dem kleinen Ort Hönebach statt-
finden würde.

Darauf, dass die Stasi unseren Fluchtplan nicht bemerkt und
entdeckt hatte, waren wir sehr stolz.

Meine Mutter hatte unter dem Vorwand, dass sie finanziell nicht
mehr in der Lage sei, die große Wohnung zu unterhalten, nach einer kleinen Wohnung Ausschau gehalten. So fiel nicht auf, dass sie
den alten Haushalt schrittweise auflöste und die kleine Wohnung
für Großvater einrichtete. Mutter schmerzte es sehr, dass sie Großvater allein zurücklassen musste, aber die Strapazen einer Flucht
konnte man ihm nicht mehr zumuten. Sie konnte ihn aber auch
nicht in die Fluchtpläne einweihen. Damit später niemand der Bei-
hilfe zur Flucht bezichtigt werden konnte, hüteten Mutter und Bruder das Geheimnis und vertrauten sich niemandem an.

Weihnachten rückte näher. Der Winter zeigte sich von seiner
besten Seite. Bei unserer Planung hatte ich darauf gesetzt, dass
strenge Kälte und Weihnachtsurlaub der Grenzer für uns günstige
Umstände sein könnten.

Am frühen Morgen des 22. Dezember 1962 fuhr ich mit meinem Vater in das kleine Dorf in der Nähe der Grenze. Im Gasthof
nahmen wir uns ein Zimmer. Dann meldeten wir den Grenzbehör-
den, dass Mutter und Bruder in dieser Nacht den Grenzstreifen
überqueren würden und wir sie hier erwarteten. Die Beamten schau-

ten ungläubig und meinten, dass es in der Zwischenzeit fast unmöglich geworden sei, von der anderen Seite überhaupt in Grenznähe zu kommen. Sie versprachen und versicherten uns aber, intensiv zu patrouillieren. Wir sollten im Gasthof auf Nachricht von ihnen warten.

Wir saßen in angespannter Erwartung. Kurz vor Mitternacht hörten wir in der Ferne Schüsse. Was bedeutete das? Schüsse an der Grenze fielen, wenn Flüchtlinge gesichtet worden waren. Hatte man sie getroffen, hatten sie sich retten können? Waren es Unbekannte oder unsere Lieben? Unsere Nerven waren bis zum Äußersten angespannt. Trotz der gemütlichen Wärme im Gastraum zitterte ich am ganzen Körper. Der Wirt beobachtete uns, machte sich wohl auch seine Gedanken und schüttelte mitleidig den Kopf.

In der Klinik wollte man in dieser Nacht auch an uns denken und uns die Daumen drücken. Es war ein gutes Gefühl, die Teilnahme anderer Menschen zu spüren. Nachdem wir so noch einige Zeit gewartet hatten, schlug uns der Wirt vor, doch lieber schlafen zu gehen und Kraft für den nächsten Tag zu sammeln.

Wir folgten seinem Rat, doch an Schlaf war nicht zu denken. Erst gegen Morgen übermannte er mich.

Lautes Klopfen an der Gasthaustür schreckte mich auf. Ich stürzte zum Fenster. Dicke Eisblumen versperrten die Sicht. Mit meinem heißen Atem taute ich eine kleine Fläche auf und sah, dass draußen Blaulicht blinkte. Mein Herz raste. Da hörte ich, wie der Wirt die Haustür öffnete. Ich presste mein Ohr ans Fenster und hielt den Atem an, damit mir ja kein Wort entging. Der Beamte fragte nach Vater und mir. Und als der Wirt ihm bestätigte, dass wir seine Gäste seien, bat ihn der Beamte uns mitzuteilen, dass die Flucht unserer Angehörigen geglückt sei.

Alle Angst fiel wie ein schwerer Stein von meinem Herzen. Ich schaute nach oben, legte meine Hände aufs Herz und schluckte. Worte zu einem Dankgebet fand ich in diesem Augenblick noch nicht. Jetzt wollte ich Vater die frohe Botschaft bringen. Als ich auf den Flur hinaustrat, rief der Wirt von unten herauf: "Fräulein, sie haben´s geschafft. Sie sind wohlbehalten auf der Grenzstation in Bad Hersfeld." Am liebsten hätte ich den guten Mann vor überschwenglicher Freude umarmen mögen.

Als ich zu Vater ins Zimmer stürmte, schaute der mich entsetzt an. Aschfahl war sein Gesicht, tieftraurig die Augen. Er hatte keinen Schlaf gefunden und glaubte jetzt, dass ich eine schlimme Nachricht brächte. Aber aus mir sprudelte es nur so heraus: "Vati, sie haben´s geschafft. Sie sind da, in Bad Hersfeld. Alles ist in Ordnung." Überwältigt von Freude und Glück rannen ihm die Tränen an den Wangen herunter. Er ließ ihnen freien Lauf, und ich konnte zusehen, wie sich sein Gesicht entspannte und es von einem glücklichen Lächeln erfüllt wurde.

Gleich nach dem Frühstück fuhren wir nach Bad Hersfeld, um unsere Lieben in die Arme zu schließen. Man hatte sie bereits in ein Hotel gebracht.

Mutter lag im Bett und konnte sich kaum bewegen. Zwei Tage und zwei Nächte waren sie unterwegs gewesen. Sie hatte sich fast die Füße erfroren. Jetzt waren sie dick geschwollen, passten in keinen Schuh. Mein Bruder hatte die Hände verbunden. Beim Auseinanderziehen des Stacheldrahtzaunes hatte er sie sich verletzt.

An Mutters Bett setzten wir uns nieder. Sprechen konnten wir nicht. Immer wieder nahmen wir uns in die Arme, streichelten uns. Wir konnten das Glück noch nicht fassen.

Nach einem Blick auf die Uhr verabschiedete sich Vater unter dem Vorwand, zu Hause noch etwas Dringendes erledigen zu müssen. Mich beauftragte er, mit Mutter und Bruder mit dem Zug nach Karlsruhe zu kommen. Von dort wollte er uns dann mit dem Auto abholen.

Mutter und Bruder mussten erst noch durchs Aufnahmelager, wo sie auch verhört wurden. Die gesamte Prozedur dauerte zum

Glück nur einen Tag.

Am 24. Dezember 1962 gegen siebzehn Uhr kamen wir auf dem Karlsruher Bahnhof an. Freudestrahlend erwartete Vater uns schon.

Als wir durch die Ortschaften fuhren, brannten überall die Weihnachtsbäume, und die Kirchenglocken läuteten den Heiligen Abend ein. Hier und dort sahen wir Menschen auf dem Weg zum Weihnachtsgottesdienst.

Wir vier im Auto sprachen nicht. Jeder hing seinen Gedanken nach. Ich sah, dass Mutter weinte. Da nahm ich ihr Gesicht in meine Hände. Sie flüsterte: "Wir haben unsere Heimat verloren."

Als wir dann vor dem Haus hielten, in dem sie von nun an zu Hause sein sollte, wandelte sich Mutters Gesichtsausdruck. Jetzt siegte die Neugier und Vorfreude.

Vater verschwand sofort in der Wohnung und forderte uns auf, vor der Tür im Flur zu warten, bis er klingele.

Ein Glöckchen läutete. "Ihr dürft reinkommen." Mit diesen Worten öffnete Vater und gab uns den Blick frei auf den festlich geschmückten Weihnachtsbaum mit vielen flackernden Kerzen. Auf dem Tisch lagen die Weihnachtsgeschenke.

Vater stand schweigend daneben. Aber sein schelmischer Blick sagte: "Na, wie habe ich das hingekriegt?" Seine Augen strahlten, das wellige Haar etwas zerzaust, und die Hände streiften nervös über den Anzug. Die Aufregung war ihm anzusehen. Fast schüchtern zeigte er auf den Weihnachtsbaum und die Geschenke und meinte: "Deswegen musste ich Euch so schnell in Bad Hersfeld verlassen."

Lange saßen wir an diesem Abend beisammen. Endlich war die Familie wieder vereint. Wir dachten aber auch an Großvater und an die Freundin meines Bruders, die in der Heimat zurückgeblieben waren.

In dieser Nacht erzählten Mutter und Bruder uns den Hergang ihrer Flucht.

Die genaue Beschaffenheit des Geländes an der Grenze kannten wir ja nicht. Mein Bruder hatte aus einer Landkarte das Quadrat mit der Fluchtroute ausgeschnitten, zusammengefaltet und im Handschuh versteckt.

Zunächst waren sie bis in die Nähe einer Kontrollstelle vor dem Niemandsland gelaufen. Diese umgingen sie weiträumig, um dann auf der Landstraße in Richtung Grenze weitergehen zu können. Wolfgang wollte mit diesem Manöver den Eindruck erwecken, dass sie auf der Kontrollstelle gewesen seien und nun in den kleinen Ort im Grenzstreifen unterwegs wären. Er hatte richtig spekuliert, denn die Grenzsoldaten fuhren auf der Landstraße an ihnen vorbei, ohne sie anzuhalten.

Es dunkelte inzwischen. Die Strapazen des Marsches waren auch schon zu spüren. Jeder trug zwei schwere Taschen. Mutter wurde es unmöglich, beide Taschen weiter zu schleppen. So ließ sie eine im Straßengraben zurück.

Als sie Lichter einer Siedlung wahrnahmen, steuerten sie darauf zu, ohne genau zu wissen, wo sie sich befanden. Unter einer Laterne am Ortseingang entfaltete Wolfgang das Kartenstück. Sie waren auf dem richtigen Weg. Hinter diesem Ort lag die Grenze. Während sie den Ort in Richtung Westen durchquerten, hörten sie auch schon die Werra rauschen. Über diesen Fluss mussten sie. Am anderen Ufer wussten sie uns und ihre Freiheit.

Bald näherten sie sich einer Brücke. Leise und vorsichtig pirschten sie sich heran und lauschten in die Dunkelheit. Da vernahmen sie Stimmen und sahen dann vor einem Wachhäuschen Grenzsoldaten mit umgehängtem Gewehr auf und ab gehen. Lautlos zogen sich beide in den Wald zurück. Niedersetzen konnten sie sich nicht. Die Kälte setzte ihnen zu. Sie mussten in Bewegung bleiben. Im Schutze des Waldes suchten sie weiter nach einem Übergang über den Fluss.

Plötzlich hörten sie hinter sich Stimmen. Mutter erschrak entsetzlich. Wolfgang bewahrte Geistesgegenwart. Er setzte die Taschen auf den Boden, zog den Handschuh mit der Karte aus und verbarg ihn. Nicht wissend, ob die Soldaten schon auf sie aufmerksam geworden waren, rief er sie einfach an, ließ sie herankommen und fragte sie nach dem Weg zu den angeblichen Bekannten. Den Straßennamen hatte er beim Durchqueren des Ortes gelesen und sich eingeprägt.

Dem Dialekt nach waren die Grenzer Sachsen. Sie gaben sich freundlich und hilfsbereit, kannten aber den Weg zu der Straße selber nicht. Als sie sich anboten, bei der Suche zu helfen, lehnte Wolfgang dankend ab. Man wünschte sich gegenseitig "Frohe Weihnachten" und trennte sich.

Das war glimpflich abgegangen, aber der Schreck saß doch tief.

Sie gingen weiter. Der Flusslauf änderte sich. Um ihm zu folgen, mussten sie den schützenden Wald verlassen. Schritt für Schritt tasteten sie sich in der Dunkelheit weiter, bis Wolfgang mit dem Fuß einen Stolperdraht berührte und damit eine Leuchtrakete auslöste. Es wurde für Augenblicke taghell. Sie ahnten, was das bedeutete, fürchteten, dass die Grenzer mit Hunden nach ihnen suchen und sie finden würden.

Eng umschlungen kauerten sich beide unter ein Gebüsch. Sie sprachen kein Wort, lauschten voll Angst auf die zu erwartenden Geräusche. Aber es geschah nichts.

Sie mussten weiter. Durch die Kälte und das verkrampfte Lauern war es Mutter fast unmöglich weiter zu laufen.

Wolfgang redete ihr zu. Er war überzeugt, dass sie unmittelbar an der Grenze waren. Vielleicht waren die Lichter am Horizont schon der Westen?

Jetzt hatten sie einen Stacheldrahtzaun vor sich. Er entpuppte sich zum Glück als leicht zu überwindende Hürde. Nun standen sie vor einem sauber gepflügtem Acker. Das konnte nur das Minenfeld sein.

Sie fassten sich an, baten Gott um Beistand, und Wolfgang sagte zur Mutter: "Wir halten uns fest und bleiben eng beieinander. Löst sich eine Mine, so werden wir gemeinsam in den Tod gerissen."

Schritt für Schritt, Mutter trat immer in Wolfgangs Fußstapfen, gelangten sie ans Ende des Feldes. Jetzt standen sie vor einem hohen Stacheldrahtverhau.

Mutter war am Ende ihrer Kräfte. Wie sollte man dieses Hindernis überwinden?

Mit übermenschlicher Kraft, wie sie einem nur in extremen Lebenssituationen zufließt, zog mein Bruder die dicken Stacheldrähte auseinander, um für Mutter und sich einen Durchschlupf zu schaffen. Er spürte gar nicht, wie er sich die Hände dabei verletzte.

Als sie sich durchgezwängt hatten, gingen sie in Richtung der Lichter weiter. Auf Hindernisse stießen sie nicht mehr, aber regelmäßig suchten starke Scheinwerfer das Gelände um sie herum ab. Sie suchten Deckung, denn sie wussten nicht, ob sie die Grenze schon überwunden hatten.

Endlich erreichten sie eine Straße. Mutter war unfähig, noch einen Schritt zu tun. Sie ließ die Tasche fallen und setzte sich darauf.

Wolfgang sah sich um und entdeckte in der Ferne eine Reklametafel am Straßenrand. Er ging auf sie zu und sah, dass es eine Reklame für Juno-Zigaretten war. Freudig rannte er zur Mutter zurück. "Wir haben es geschafft!" Mutter hörte es ungläubig. "Das ist eine Zigarettenwerbung für 'Juno', die gibt es doch nur im Westen."

Ehe in Mutter ein freudiges Gefühl aufkommen konnte, wurden sie von Scheinwerfern angeleuchtet. Ein Auto kam auf sie zu. Doch Mutter rührte sich nicht, konnte sich nicht rühren. Sie blieb auf ihrer Tasche mitten auf der Straße sitzen.

Das Auto bremste kurz vor Mutter, zwei Uniformierte stiegen

aus. "Woher kommen sie, was tun sie hier auf der Straße?" fragten sie. Mit einer Handbewegung in Richtung Osten deutete ihnen mein Bruder, woher sie gekommen waren. Freundlich und mitleidig lächelten die Grenzer die durchgefrorenen und ängstlich dreinschauenden Gestalten an. "Haben sie die Leuchtrakete ausgelöst?" wollten sie noch wissen. Mein Bruder bejahte.

Nun erfuhren Mutter und Bruder, dass die Grenzer diesseits das beobachtet und sofort begonnen hatten, mit Scheinwerfern den möglichen Übergang für die Flüchtlinge zu beleuchten. Tage zuvor hatte es noch einmal geregnet und dann war der starke Frost gekommen. Dadurch waren die Minenzünder eingefroren. Es hatte schon seit Tagen keine Detonationen gegeben, die sonst oft vom Wild ausgelöst wurden.

Mutter wurde behutsam auf den Laster gehoben, Wolfgang setzte sich zu ihr. Bald hatten sie die Wachstube erreicht. Während die Grenzer ihre Dienststelle über die geglückte Flucht informierten, genossen die beiden die mollige Wärme, die der kleine gusseiserne Ofen ausstrahlte. Die Grenzer überließen ihnen ihr Vesperbrot als erste Stärkung und Wolfgang schenkten sie eine Begrüßungszigarette.

Mutters Schuhe musste man regelrecht von den Füßen abtauen. Aber jetzt war ihr auch schon alles egal. Sie hatten es geschafft.

Mein Aufenthalt in Deutschland näherte sich dem Ende. Nach den wenigen Monaten im Kreise meiner Familie, kehrte ich nun zurück nach Kanada, zurück in die Prärie.

In Fort San, einem sehr großen Tbc-Sanatorium fand ich einen neuen Wirkungsbereich. Das Sanatorium lag in einem wunderschönen Tal in der Prärie.

Einst wurden in dieser Einrichtung die großen Lungenoperationen durchgeführt, doch inzwischen kamen hierher Patienten zur Rehabilitation nach Lungenoperationen und auch Tbc-Langzeitpatienten.

Ich wurde als Stationsschwester eingestellt. Es oblag mir, Schwesternschülerinnen praktischen Unterricht zu erteilen. Dieses neue Aufgabengebiet reizte mich.

Viele Jahre war unser Sanatorium das Größte seiner Art in Kanada. Es hatte stets weit über hundert Patienten. Die Umgebung bot beste Bedingungen für Genesung und Erholung. Die Gebäude standen in einem wunderschönen Park mit blühenden Bäumen, die für die Prärie eine Seltenheit waren.

Das große Tal war während der Eiszeit entstanden. Es erstreckte sich über die halbe Provinz Saskatchewan. Mehrere Seen reihten sich aneinander. Jeder war viele Meilen lang, und am Ende jedes Sees lag jeweils eine Ortschaft. Der Ort, bei dem unser Sanatorium lag, war nach einer Indianersage benannt und hieß Fort Qu´ Appelle.

Folgende Legende wurde dazu erzählt:

Ein Indianerjüngling paddelte mit seinem Kanu über den See, um seine Braut zu besuchen. Mitten auf dem See hielt er inne, weil er seinen Namen rufen hörte. Er lauschte und schrie dann laut über den See: "Qu´appelle?" (Wer ruft?) Dann paddelte er bis zum Lagerplatz des Stammes seiner Braut. Der aber war in Schutt und Asche gelegt. Als er in das tote Antlitz seiner Geliebten schaute, war er überzeugt, dass sie nach ihm gerufen hatte.

Bei Mondaufgang soll man bis zur Gegenwart den Ruf "Qu´appelle" über dem See hören können.

Auch jetzt war die weitere Umgebung des Sanatoriums Indianergebiet. Auf meinen Streifzügen ins meist unwegsame Umland begegnete ich häufig Indianern.

Im Sanatorium waren mehr Indianer und Eskimos als Weiße Patienten. Einige Patienten waren bettlägerig und bedurften ständiger Pflege. Ihr Körper war durch Knochen-Tbc schwer gezeichnet. Oft konnten sie sich kaum noch bewegen.

Ein solcher Patient war Henry. Er lag schon fünfzehn Jahre in Fort San. Einst war er wohl ein stattlicher Indianer gewesen. Jetzt hatte er das Lachen verlernt, sprach selten und verzog auch meist keine Miene.

Aber sobald eine Schwester sein Zimmer betrat, um ihn zu versorgen, beobachtete er mit Argusaugen jede Handbewegung. Wenn nur etwas vom gewohnten Ablauf abwich, protestierte er. Er führte Regie, und die Schwestern fügten sich.

So kam es zwischen ihm und mir am Anfang unserer Bekanntschaft oft zu Meinungsverschiedenheiten. Ich wollte doch das tun, was mir richtig schien. Aber wenn er wieder gesiegt hatte, leuchteten seine Augen. Ich hatte oft das Gefühl, dass er uns einfach ein bisschen provozieren wollte. Auf jeden Fall war er ein faszinierender Mensch. Wenn es meine Zeit erlaubte, setzte ich mich neben ihn ans Bett. Oh, er konnte erzählen!

Sein Stamm lebte im hohen Norden. Begeisternd und anschaulich schilderte er seine Jagderlebnisse. Von den Alten seines Stammes hatte er viele Erzählungen in sich aufgenommen und konnte sie sehr lebendig wiedererzählen.

Henry versuchte auch, mir die Sprache seines Volkes beizubringen. Ich war gelehrig und machte zu Henrys Freude Fortschritte. Ich ertappte mich dabei, dass ich mit meinen Gedanken weiter in die Indianerwelt eindrang, als es eigentlich meine Absicht war. Es hatte lange gedauert, bis er mit mir gesprochen hatte, Fremden gegenüber war er wortkarg.

Hier im Sanatorium musste ich auch lernen, mit infektiösen Patienten umzugehen, mich selbst zu schützen. Manche meiner Kolleginnen waren ehemalige Patienten.

Größerer Patientenwechsel fand nur alle drei Monate statt. Es dauerte immer seine Zeit, Eskimos vom hohen Norden und vom Eismeer oder Indianer aus den weiten Landstrichen des Yukon und des Nord-West-Territoriums nach Fort San zu bringen.

Und leider fand man in den riesigen Gebieten Kanadas die Menschen oft zu spät, um sie wieder völlig heilen zu können.

In all den Jahren hatte ich Kontakt zu ehemaligen Kolleginnen aus Deutschland gehalten. Drei von ihnen folgten mir nach Kanada. Gretel aus Trier, die Älteste aus unserer Schülerinnenklasse, fand in der Nähe von Fort Qu´ Appelle Arbeit im Krankenhaus und heiratete bald einen netten Farmer.

Edeltraut aus Heidelberg musste sich erst etwas gedulden, bis sie in einem großen Hospital in Regina Arbeit bekam. In der Zwischenzeit wohnte sie in der Nähe unseres Sanatoriums in einem kleinen Häuschen auf Indianergebiet. Sie war keine ängstliche Natur, und es störte sie nicht, wenn bei Sonnenuntergang Indianer an ihrem Haus vorbeihuschten, um am See angeln zu gehen.

Edelgard aus Trier heiratete Rudi aus Bralorne, lebte also nun in British Columbia. Bei ihr feierten wir ein Wiedersehen. Es gab so viel zu erzählen, am meisten jedoch Erinnerungen aus der Schülerinnenzeit auszutauschen.

Besonders erinnerten wir uns daran, wie Gretel uns Jüngeren geholfen hatte auszugehen und Fasching zu feiern. Weil uns das verboten war, verließen wir das Haus in Schwesterntracht. Der Hausschwester, die uns an der Pforte abgefangen hatte, sagten wir, dass wir einen Abendspaziergang unternehmen wollten. Das glaubte sie uns. Gretel ließ an einer langen Schnur unsere Kostüme aus einem Fenster des dritten Stockwerks herunter. Im Gartenpavillon hatten wir uns umgezogen und waren dann zum Fasching gegangen. Als wir zurückkamen, half uns der junge Hausmeister Adam. Er ließ eines der Kellerfenster offen, so dass wir ungesehen ins Haus gelangen konnten.

Nach ein paar fröhlichen Tagen des Wiedersehens kehrten wir wieder in den Alltag nach Saskatchewan zurück.

Mein Leben verlief recht unkompliziert. Ich war glücklich. So oft ich konnte, verbrachte ich die freien Tage mit Joe. Er war in Richtung Alberta versetzt worden.

Ich hatte Freude an meiner Arbeit und konnte mich ganz meinem Beruf und der Fortbildung widmen. Die Abende verbrachten wir Schwestern meist gemeinsam. Wir gingen in unserem weitläufigen Park spazieren und plauderten oder saßen in unserem geräumigen Wohnzimmer bei Gesellschaftsspielen und am Fernsehgerät.

Wieder saßen wir vor dem Fernseher, das Feuer im Kamin knisterte, und knabberten frisch zubereitetes Popcorn, als das Telefon läutete. "Wally, geh ran! Es ist sowieso für dich", klang es einstimmig. Tatsächlich rief Joe fast täglich zu dieser Abendstunde an.

So nahm ich auch gleich den Hörer und rief: "Hello, Joe, how are you?" "Hallo Joe, wie geht es Dir?"

Joe antwortete nicht. Die Stimme seines Kollegen klang aus dem Hörer. Er sprach stockend. Ich ahnte sofort, dass er mir etwas Unangenehmes zu sagen hatte. Nach einigem Zögern teilte er mir mit, dass Joe im Dienst, während einer Fahrzeugkontrolle, tödlich verunglückt sei.

Fassungslos, unfähig, auch nur ein einziges Wort zu sagen und fast ohnmächtig vor Entsetzen, legte ich den Hörer auf.

Eine Welt brach für mich zusammen.

Joe und ich waren so glücklich miteinander gewesen und hatten konkrete Pläne für die Zukunft geschmiedet.

Warum musste ein unachtsamer Autofahrer das Leben eines jungen, gesunden Mannes in Sekundenschnelle auslöschen? Immer wieder fragte ich mich. Es fiel mir schwer, mich mit seinem Tod abzufinden.

Von nun an lebte ich ganz meiner Arbeit.

Die Indianer und Eskimos im Sanatorium verehrten mich, und ich liebte sie. Manchmal malten sie mir ein kleines Bild, ein anderes Mal fand ich in einer meiner Kitteltaschen ein Briefchen, oder sie überreichten mir ein selbst gebasteltes Geschenk als Zeichen ihrer Zuneigung.

Die Wochen vergingen. Ein neuer Winter hielt Einzug, und es wurde wieder bitter kalt. Sobald ich das Haus verließ, hatte ich sofort kalte Füße. Ich wusste nicht mehr, was für Schuhe ich anziehen sollte.

Das klagte ich so nebenbei meinem alten Freund Henry.

Er lachte über mein Schuhproblem. Ja, Henry lachte. Ich war über seine Reaktion verwundert. Darauf versicherte er mir, dass er mein Problem lösen könne.

Nach etwa zwei Wochen überreichte er mir ein mit alten Zeitungen umwickeltes Päckchen. Er forderte mich auf, es gleich zu öffnen.

Während ich die große Schnur aufband, schaute ich ihm ins Gesicht. Es war, wie meist, ernst und versteinert. Nur seine schwarzen Augen verrieten mit ihrem Funkeln ein wenig von dem, was er dachte.

Aus dem Zeitungspapier kamen ein Paar Mokassins zum Vorschein. Ihr Leder roch wie der Rauch des offenen Feuers. Es war weiches Hirschleder, das mit bunten Perlen verziert war.

Ich schaute wohl ein bisschen ungläubig auf die dünnen Mokassins, denn Henry sagte langsam, aber bestimmt: "Mit ihnen kannst du ohne Bedenken in den Schnee oder auf das Eis gehen.

Nur bei nassem Wetter darfst du sie nicht tragen."

Nässe gab es jetzt ohnehin nicht. Wenn ich hinausging, zog ich von nun an die Mokassins über meine Winterstrümpfe und hatte wirklich nie mehr kalte Füße.

Schon nach dem ersten Spaziergang, als ich die Wohltat dieser um die Füße gebundenen Schuhe verspürt hatte, ließ ich mir von Henry erklären, wie es zu dieser Wirkung käme.

Henry meinte, dass wir Weißen unsere Füße in viel zu enge Schuhe zwängen, die obendrein noch hart seien. Die Füße könnten sich darin nicht ausreichend bewegen.

Freilich, in den weichen Mokassins krallten sich die Zehen regelrecht in den Schnee. Die Fußmuskulatur war in Bewegung, gut durchblutet und dadurch blieben die Füße warm. Später bekam ich noch eine Jacke aus Elchleder. Auch sie war reich mit Perlen bestickt. Sie hielt jeden Wind ab.

Bevor die Indianer das Leder verarbeiten, hängen sie es in den Rauch des offenen Feuers. Das macht es keimfrei, bewirkt die braune Färbung und auch, dass es kaum Schmutz annimmt.

Das bringt den Nachteil mit sich, dass die Kleidungsstücke sehr stark riechen.

Ich bewahrte sie deshalb auf dem Balkon auf. Auch nach mehr als dreißig Jahren rochen sie noch wie frisch geräucherter Schinken.

Ich trug die handgearbeiteten Indianersachen gern und sah in ihnen fast wie eine Indianerin aus.

An einem dieser Wintermorgen machte ich mich, warm verpackt, auf den Weg zum Dienst. Was war denn heute los? Die Luft glitzerte und bewegte sich sichtbar. Der Park war in Nebel gehüllt und das Hauptgebäude nur schemenhaft zu erkennen.

Es war eine klirrende Kälte und der Himmel strahlend blau. Um schnell wieder ins Warme zu kommen, rannte ich los und stieß keuchend und hustend am Portal mit dem Chefarzt zusammen. Er hatte mir wohl schon etwas entgegen gerufen, aber das hatte ich nicht verstanden. Jetzt nahm er mich belehrend beiseite: "Bei diesem Nebel und diesen Temperaturen muss man unbedingt langsam gehen und mit geschlossenem Mund atmen. Die Feuchtigkeit der Luft ist gefroren. Der Nebel besteht aus kleinsten Eiskristallen. Werden sie eingeatmet, erzeugen sie Hustenreiz und können sogar zum Erfrieren der Lungenspitzen führen."

An diesem Morgen kamen mehrere Schwestern erst verspätet zum Dienst, weil ihnen die Autoreifen geplatzt waren, denn auch die Luft in den Reifen war gefroren und hatte diese regelrecht gesprengt.

Dann wurden die Tage wieder länger und die Schneedecke dünner. An den Ufern der Seen türmten sich Eisschollen. Bis in die Wohnungen hörte man das Bersten des Eises. Kaum waren die knackenden und knisternden Geräusche auf dem See verstummt, meldete sich der Frühling. Er verwandelte den Park in ein duftendes Blütenmeer.

Den Kindern tat es besonders gut, wieder auf den Wiesen spielen zu dürfen. Wenn ich ihnen bei ihrem ausgelassenen Treiben zusah, musste ich unwillkürlich an den ersten Austrieb der Kühe nach der Winterpause denken. Sobald in meiner Heimat der Kuhhirt seine Herde das erste Mal im Frühjahr an unserem Haus vorbei durchs Rittertor trieb, konnten er und sein Hund die wilden ausgelassenen Tiere kaum bändigen.

Von den Patienten wusste ich, dass alljährlich im Sommer hier in der Prärie von den Cree-Indianern ein großes Volksfest, der Pow-wow, veranstaltet wurde. Zu den Feiern kamen auch Stämme aus anderen Landesteilen und aus den USA. Wenn unsere Indianer davon erzählten, spürte ich ihre Sehnsucht, ihren Wunsch, dabei sein zu können. Sie hatten mich neugierig gemacht.

Ich fasste Mut und besuchte das Fest. Schon von weitem sah ich viele Tipis in der Prärie stehen. Staub und Rauch lagen in der

Luft. Das Gras war von der Sonne verbrannt. Dumpfer Trommel-
klang und eintöniger Gesang drang an meine Ohren. Ich näherte
mich klopfenden Herzens den ersten Tipis. Bald hörte ich: "Hello,
Nurse!" Hier und da winkte man mir zu. Da wurde ich sicherer
und schaute mich genauer um.

Eine Feuerstelle vor den Tipis

Fast vor jedem Zelt war eine offene Feuerstelle. Riesige ver-
rußte Töpfe hingen darüber. Aus ihnen stieg der Wohlgeruch des
Essens, das da gerade zubereitet wurde.

Ich lehnte an einem Pfosten und genoss das magische Treiben
und den Anblick des Sonnenuntergangs. Der riesige Feuerball
tauchte die Prärie und diese feiernden Menschen noch einmal in
sein warmes, rotes Licht. Die Tipis warfen lange Schatten. Davor
saßen die Indianer in ihren festlichen Gewändern, dem bunten
Federschmuck und rauchten ihre langen Pfeifen. Zwischen den
Zelten spielten die Kinder oder jagten ihre Hunde.

Ich beobachtete schmunzelnd, wie sich Jünglinge zaghaft den

Mädchen näherten. Andere standen bei den Alten und lauschten ehrfürchtig deren Geschichten.

Dann folgte ich dem Klang einer Trommel. Vor einem Tipi saßen vier Indianer um eine Trommel herum, sangen zu einem Rhythmus. Das war für mich ein ungewohnter Sound. Er ließ einem das Blut in den Adern erstarren. Oftmals konnte das Heulen eines Wolfes darin erkannt werden.

Vor einem anderen Zelt saßen alte Indianerinnen. Tabak kauend waren sie mit Handarbeiten beschäftigt. Ihre Hände waren von der Arbeit krumm, die welken Gesichter mit der dunklen rötlichen Hautfarbe schauten freundlich drein. Als nun die Sonne unterging, verschmolzen ihre Gestalten nahezu mit dem rötlich versengten Gras um sie.

Ich war bisher keinem Weißen begegnet. Ich war offensichtlich die Einzige hier. Zu meiner großen Freude gestattete man mir, dem Tanzfest im Zelt beizuwohnen.

Mehrere Männer schlugen die Trommeln. Nach deren Rhythmus bewegten sich die Tänzer und Tänzerinnen nebeneinander schreitend im Kreis.

Die Tipis werden von der untergehenden Sonne angestrahlt

Die Glöckchen an den Füßen der Tänzer erklangen im Takt der Trommeln. Es war ein buntes Bild. Die Frauen trugen helle Lederkleider, mit winzigen, meist hellblauen Perlen besetzt. Auch die wadenhohen weißen Mokassins waren bunt bestickt. Ihr schwarz glänzendes Haar wallte ihnen bis auf die Schultern hinab.

Die Männer wirkten in ihren enganliegenden Lederhosen und ihren perlenbestickten Lederjacken mit langen Fransen außerordentlich attraktiv. Die meisten Männer trugen auf dem Kopf Federschmuck.

Die Häuptlinge schmückten sich mit bestickten Schärpen über den Schultern und einem Federschmuck, der vom Kopf bis auf den Boden hinunter reichte.

Einer der Häuptlinge fiel mir besonders auf. Er war von stattlicher Größe, trug das Haupt stolz erhoben. Seine edlen Gesichtszüge und die Art der Bewegungen hoben ihn aus dem Kreis der Tänzer hervor. Der Besuch dieses Festes blieb mir ein unvergessliches Erlebnis.

Edeltraud aus Heidelberg hatte sich inzwischen in Regina und dem dortigen Hospital gut eingelebt. Ich entschloss mich, ihr in die Stadt zu folgen. Ich bekam auch im gleichen Hospital Anstellung. Aber ich fand keine Ruhe. Häufig fuhr ich ziellos durchs Land. Es drängte mich hinaus in die Welt.

Durch Vermittlung eines Arztes, der von Kanada in die USA übergesiedelt war, wurde mir in den USA eine neue Arbeit angeboten.

Trotzdem fiel mir der Abschied von Kanada schwer. Am Vorabend meiner Abreise unternahm ich mit Edeltraud einen Spaziergang. Mich überfiel eine trübe Stimmung. Es regnete ein wenig, aber der Mond stand am Himmel und ungezählte Schleier dünner Wölkchen hingen in der feuchten Luft. Jeder von uns bedauerte den Abschied, doch irgend etwas trieb mich weiter.

So kam ich im Frühjahr 1964 nach Kentucky.

Ich hatte mir ein neues Tätigkeitsfeld gesucht, wodurch ich gezwungen war, mich weiterzubilden und Neues zu lernen.

Auf einer internistischen Station war ich verantwortlich für die Medikamente, das Anlegen von Infusionen und Transfusionen sowie die Blutentnahmen.

Mit der Pflege selbst hatte ich hier nichts zu tun. Das Hospital war ein freundlicher und überschaubarer Komplex. Das Team junger Schwestern war freundlich und kooperativ.

Nach dem Spätdienst um Mitternacht gingen wir gern gemeinsam in ein Restaurant in der Nähe des Hospitals. Der Wirt war an unseren Besuch gewöhnt. Um diese Zeit stand er meist gelangweilt hinter der Theke. Wenn wir eintraten, begrüßte er uns mit: "Hi, Nurses, hungry again?" (Hallo, Schwestern, seid ihr wieder hungrig?) Er sprach es mit seinem breiten Kentuckyakzent. Hier wurde nicht das gepflegte Englisch gesprochen, das ich in Kanada gelernt hatte. An den hiesigen Akzent musste ich mich erst gewöhnen.

Schräg gegenüber dem Hospital hatte ich bei einem älteren Ehepaar eine Wohnung gefunden. Leider hatte ich mein Auto nicht mit in die USA gebracht. Es fehlte mir sehr, denn ich wollte doch dieses "Blue Grass Country" kennen lernen.

So kaufte ich mir bald ein neues Auto, einen weißen sportlichen Thunderbird, und war wieder frei wie ein Vogel.

Kentucky ist nicht nur durch seinen Whisky bekannt, sondern vor allem durch die Pferdezucht.

Ich sah meilenlange weiße Holzzäune als Begrenzung der Weiden, auf denen Stuten mit ihren Fohlen ausgelassen tobten.

Früh am Morgen wurden die Pferde auf die Weiden geführt. Der Frühnebel ließ ihre Leiber feucht glänzen. Die frühe Morgenluft und der zarte Nebelschleier über den Weiden war von eindringlicher Schönheit, so dass einen die Vorstellung befiel, man sei nicht auf dieser Erde. Das war ein faszinierendes Bild.

In dieser Region waren Pferderennen der Nationalsport. Es gehörte einfach dazu, sie zu besuchen und natürlich auch zu wetten. Die bekannteste Pferderennbahn der Gegend befand sich in Lexington. Viele Menschen vergnügten sich dort.

Bei meinen Autofahrten erlebte ich hier das Südstaaten-Flair: Plantagen, prachtvolle Herrenhäuser mit den typischen Säulenportalen. Die Herrenhäuser standen in Parks mit uralten Laubbäumen. Die Zufahrtstraßen glichen Alleen.

Das Gegenteil sah ich in den Bergdörfern. Hier war die Armut zu Hause. Die Bewohner fristeten ein karges Leben bei harter Arbeit im Bergbau. In den dichten Wäldern der Region wurde noch immer heimlich Whisky gebrannt. Das trug wohl zur Aufbesserung des Lebensunterhaltes bei. Mir wurde berichtet, dass dieser Whisky besonders gut sei. Die Brennereien waren reine Kunstwerke, unterirdisch angelegt und ideenreich vor den Augen der Polizei geschützt.

Es machte mir viel Freude, in der Umgebung Lexingtons auf den vielen grünen Alleen dahin zu fahren. Mir fielen dabei lange Steinmauern auf. Man erzählte mir, dass diese von den schwarzen Sklaven errichtet worden waren. Sie hatten die Steine auf den Plantagen suchen und dann zu solch kunstvollen Mauerwerken aufschichten müssen.

Die damalige First Lady der USA, die Präsidentengattin Lady Bird Johnsen, stattete der Stadt Lexington einen Besuch ab. Ich hatte die Ehre, ihr die Hand zu geben und mit ihr zu plaudern. Sie lud mich daraufhin ins Weiße Haus nach Washington ein.

Auf meiner Reise nach Washington begleitete mich ein schottisches Ehepaar, das ebenfalls in unserem Hospital arbeitete. Sie wollten eine Bekannte treffen, die als Sekretärin des Gouverneurs von New Mexiko im Senat arbeitete.

Wir bereiteten uns gründlich auf die Reise vor, denn wir wollten uns keine der Sehenswürdigkeiten entgehen lassen.

Im Weißen Haus wurden wir freundlich empfangen und konnten uns im gepflegten Garten aufhalten. Gegen Ende des Tages führte man uns durchs Haus. Jacky Kennedy hatte die Räume renovieren und sehr geschmackvoll einrichten lassen. Aber sie hatte ihre Vorhaben nicht vollenden können. So standen in einem der Empfangszimmer noch Tapetentisch und Arbeitsutensilien verwaist herum.

Es war ja gerade erst ein halbes Jahr vergangen, seit Präsident Kennedy in Dallas ermordet worden war. Wir statteten dem Grab des Präsidenten auf dem Arlington Friedhof einen Besuch ab .

Am Morgen des zweiten Tages wurden wir von der Bekannten des schottischen Ehepaares im Capitol erwartet. Bei einer ausgedehnten Führung lernten wir das Gebäude mit seinem gewaltigen Kuppelbau kennen. Ehrfürchtig gingen wir im "United States Senate Chamber" umher. Anschließend durften wir Zuhörer beim achtundacht-zigsten Kongress des Repräsentantenhauses sein.

Ich hörte Hubert Humphry und den jungen Senator Ted Kennedy sprechen. Letzterer ging, kurz nach seinem Flugzeugabsturz, noch an Krücken. Zum Abschluß lud uns der Senator von New Mexiko in den Speisesaal für Senatoren und Angestellte des Hauses ein. Wir wurden mit einem vorzüglichen Menü überrascht. Die Zeit war wie im Fluge vergangen. Es kam mir wie ein Traum vor. Heimwärts gings durch Virginia und die herrliche Gebirgslandschaft der Blue Ridge Mountains. Auf der Höhenstraße hatten wir eine sagenhafte Fernsicht. Mehrmals hielten wir an, um die beeindruckende Landschaft zu genießen. Ein leicht blauer Dunstschleier lag über dem waldreichen Gebirge.

Wieder zurück in Kentucky und im Hospital, konnte ich noch lange von diesem Erlebnis träumen.

Meine Eltern schrieben mir regelmäßig. Sie waren umgezogen und wohnten jetzt in einem kleinen Ort, ganz in der Nähe der

Arbeitsstelle meines Vaters. Sie hatten sich dort recht schnell eingelebt und schon nette Bekanntschaften geschlossen.

Ich war froh, dass sie mit ihrem neuen Umfeld zufrieden waren, wenn sie auch die Heimat nicht vergessen konnten.

Mein Bruder hatte auf einem amerikanischen Tanker ange-
heuert, um, wie ich, die Welt kennen zu lernen. Aus vielen Ländern der Welt schickte er mir seine Grüße. Eines Tages teilte er
mir mit, dass sein Schiff in Mobile/Alabama anlegen würde. Er
bat mich, dort hin zu kommen, damit wir uns endlich einmal wiedersehen könnten.

Bis zum Golf von Mexiko hatte ich mehrere hundert Meilen
vor mir. Meine Tour führte mich über die Smoky Mountains. Das
ist eine dicht bewaldete Landschaft mit recht wildem Charakter.
Mit den mehr als hundert Baumarten wurden die Smokies bekannt. Zufällig stieß ich auf ein Filmteam. Sie drehten eine Serie
des Lassiefilmes. Einige Stunden verweilte ich bei den Filmleuten,
lernte den kleinen blonden Tim und natürlich seine Lassie kennen.

Dann wurde die Fahrt aufgrund des feucht-heißen Klimas immer anstrengender. Ich war heilfroh, dass ich vor dem Tanker in
Mobile war. So hatte ich bis zu seiner Ankunft genügend Zeit,
mich zu erfrischen und auszuruhen.

Das Meer war ruhig. Am weiten Horizont war der Tanker schemenhaft zu erkennen. Voller Vorfreude auf das Wiedersehen mit
meinem Bruder sah ich ihn immer näher kommen. Nun stand ich
am Kai und hielt nach meinem Bruder Ausschau. Viele Hände
winkten, und das Schiff war so hoch, dass man Personen kaum
erkennen konnte. Ich schaute noch immer angespannt hinauf, als
mir plötzlich jemand auf die Schulter klopfte. Noch ehe ich mich
umwenden konnte, hatte mich Wolfgang schon in die Arme geschlossen. Freudentränen stürzten mir aus den Augen. Nach lan-
ger Umarmung ging ich einen Schritt zurück, um ihn mir erst

einmal richtig anzuschauen. "Wolfgang, wo sind deine schönen blonden Haare geblieben?" rief ich entsetzt. Er lachte und strich über seinen kahlgeschorenen braungebrannten Kopf. Ein roter Vollbart umrahmte das Gesicht. Ich musste ihn immer wieder kopfschüttelnd ansehen. Drauf sagte er verschmitzt: "Mit dieser Frisur werde ich nach Hause fahren und Mutter erschrecken."

Dann stieg er zu mir ins Auto. Mein eleganter weißer Sportwagen gefiel ihm sehr. Wir fuhren an der Küste des Golfs von Mexiko entlang. Eine frische Brise von See brachte uns angenehme Abkühlung. Wolfgang erzählte mir von seinen Fahrten, auch von den schönen Mädchen, denen er begegnet war, vor allem aber von der Arbeit an Bord des Tankers.

Am Abend trafen wir uns mit seinen Mannschaftskameraden in der Stadt. Später durfte ich mit an Bord, wo wir das Wiedersehen gemeinsam mit den Offizieren feierten.

Am Morgen des nächsten Tages mussten wir Abschied nehmen. Lange konnte ich ihm vom Kai aus nachwinken. Mein Bruder wechselte einige Zeit darauf das Schiff. Er heuerte auf einem US-Kabelleger an. Das waren die Schiffe, die Telefonkabel auf dem Meeresboden zwischen den USA und Vietnam zur Zeit des Vietnamkrieges verlegten. Die Arbeit war für meinen Bruder sehr interessant, weil ihn die Technik faszinierte. Aber er sah vom Schiff aus auch den Krieg, sah Bomben- und Raketeneinschläge.

Im Sommer konnten wir Europäer in Kentucky fast nur am späten Abend oder nachts aus dem Haus gehen.

Das schottische Ehepaar, Familie Ferguson, und ich waren die einzigen Europäer im Hospital. Wir hatten Probleme mit dem hiesigen Klima. Die starke Hitze und eine Luftfeuchtigkeit bis zu 98 % machten uns sehr zu schaffen. Es war uns oft unmöglich, tagsüber im Freien etwas zu unternehmen. Bei solcher Witterung kam es zu Hurrikans. Ich erlebte solch einen Sturm während meines

Aufenthaltes.

Jedenfalls entschlossen wir uns, nicht länger in diesem Klima auszuharren und weiter nach Westen zu ziehen. Wir wollten nach California. Zwei Schwestern aus dem Hospital schlossen sich uns an. Mit zwei Autos, die mit unseren Habseligkeiten voll gepackt waren, starteten wir gen Westen.

Von Kentucky ging die Fahrt zunächst nach Saint Louis /Missouri über den viel besungenen Missisippi nach Kansas City. Über den Missisippi hatte ich schon viel gehört und gelesen, so dass ich ihn zu kennen glaubte. Doch nun, wo ich ihn überquerte, erfasste ich erst richtig, was dieser breite Strom für die Menschen, die an oder auf ihm leben, bedeuten mag. In Gedanlken sah ich "Onkel Tom´s Hütte" am Flussufer stehen.

Am Missouri entlang fahrend, näherten wir uns immer mehr der Kornkammer der Vereinigten Staaten, Nebraska. Die unendliche Weite dieses Landes beeindruckte mich sehr.

Regelrecht verblüfft war ich am alten Oregon Trail. Hier konnte man nämlich noch die tiefen Rillen erkennen, die Wagenkolonnen der Siedler auf ihrem großen Treck nach Westen hinterlassen hatten.

Immer wieder die unendliche Weite! Oftmals fuhren wir Stunden, bis uns ein Auto begegnete.

In den Black Hills in South Dakota legten wir einen Ruhetag ein. Wir wollten doch unbedingt den Mount Rushmore mit den vier Präsidentenköpfen besichtigen. Wir erklommen den Berg, und George Washington, Thomas Jefferson, Theodore Roosevelt und Abraham Loncoln schauten auf uns hernieder. Was für ein herrliches Denkmal!

Ich liebte es, es machte mich frei, morgens vor Sonnenaufgang im Auto zu sitzen und in den Tag hinein zu fahren.

Wir kamen durch die karge Landschaft der Badlands mit ihren schroffen Bergspitzen und den tiefen Canyons. Unter der Hitze flimmerte die Vegetation an den Bergen in bunten Farben. Dieses ständig wechselnde Farbenspiel bewog den Vorbeifahrenden immer wieder zu staunenden Stopps.

Halt machten wir auch in Deadwood und Sundance. Hier waren die berühmtesten Revolverhelden ihrer Zeit zu Hause gewesen. Wir standen vor den Gräbern von Billy the kid, Butch Cassidy und Sundance kid. Ja, ihre einst gefürchteten und bewunderten Namen waren auf den alten, krummen, verwitterten Kreuzen noch zu entziffern.

Quer durch Wyoming fuhren wir bis nach Cody zu Buffalo Bill. Am Eingang des kleinen Ortes stand das überlebensgroße Reiterdenkmal dieses umstrittenen Mannes. Der Revolverheld hatte später mit einer Wildwestshow, die ihn bis nach Europa führte, auf sich aufmerksam gemacht.

Ein weiterer berühmter Mann dieser Gegend war Wild Bill Hickok. Den Namen Wild Bill verdankte er seiner permanenten Angriffslust. Man erzählte, dass er sein Haar außergewöhnlich lang trug, um damit skalpierende Indianer höhnisch herauszufordern. Seine Zeitgenossen bewunderten seinen Mut, seine beispiellose Verwegenheit. Er hatte das Auge des Scharfschützen und war deshalb ein gefürchteter Gegner. Sein Ende fand er wie viele Seinesgleichen. Im Saloon in Deadwood wurde er beim Pokern von hinten in den Kopf geschossen.

In diesem Saloon waren wir eingekehrt. An einem großen runden Mahagonytisch mit mehreren stabilen Holzstühlen, die die gleiche dunkle Farbe des Tisches hatten, nahmen wir Platz und ich schlürfte ein gutes Bier. Ich glaubte den Pferdegeruch und den Schweiß der Männer zu riechen. Rings um an den Wänden hingen Bilder der prominenten Sheriffs und der Revolverhelden. Im Saloon war es, als sei die Zeit stehen geblieben.

Fröhlichere Bilder zeigten sich mir, als wir uns den Grand Teton Bergen näherten. Der Schlangenfluss suchte sich in vielen Windungen seinen Weg durch die Berge. Üppig blühten an den Ufern Blumen. Rehe und Hirsche ästen und fühlten sich in dieser geschützen Einsamkeit wohl.

Hier am Schlangenfluss fanden wir eine einsame einfache Holzkirche, die einst von den Siedlern errichtet worden war. Der Innenraum war schlicht. Vor einem riesigen Fenster stand ein Tisch als Altar und ein Holzkreuz darauf. Setzte man sich in eine der Bänke, fiel der Blick auf das Kreuz, das nun vor dem Hintergrund der riesigen Tetonberge erschien. Schweigend nahmen wir diesen Eindruck in uns auf.

Wir fanden in der Nähe den Ort Jackson, ein typisches Cowboydorf. Hinter den Wäldern versteckt, erstreckten sich die großen Ranches. Über die Codystraße kamen wir zum Yellowstone National Park mit seinen Geysiren. Ich stand am wohl bekanntesten der Geysire, dem Old Faithful, und erlebte das Spektakel: aus dem Erdinnern ertönte ein Grollen und blitzschnell schoss eine Wasserfontäne heraus. Alle fünfundsechzig Minuten stieg hier eine Wasserfontäne sechsundvierzig Meter hoch.

Damals lebten im Nationalpark etwa zweihundert Grizzlybären. Vielleicht würden sie bald die einzigen Überlebenden ihrer Art außerhalb Alaskas und Kanadas sein. Auf jeden Fall hatten sie hier eine gesegnete Zuflucht vor der unvermeidlichen und beinahe weltweiten Vernichtung gefunden.

Ich erlebte den Yellowstonpark als eines der Wunder des Kontinents und als Zeichen der Einsicht der Menschheit, die Natur zu schützen.

Durch eine kleine Landspitze von Idaho, dem größten Kartoffelanbaugebiet der USA, fuhren wir Richtung Utah. Vorbei am großen Salzsee, erreichten wir die Mormonenstadt Salt Lake City.

Das Wahrzeichen der Stadt ist der Tabernakel mit der goldenen Kuppel. Wir hatten das große Glück, den berühmten Tabernakel Chor zu hören.

Andächtig saßen wir mit vielen anderen Gästen und lauschten dem Gesang. Die glockenklaren Stimmen dieses außergewöhnlichen Chores und die fantastische Akustik des Tabernakels hinterließen bei mir einen unvergesslichen Kunstgenuss.

Inzwischen war es Oktober geworden. Das Laub der Bäume

hatte sich verfärbt. Die Nächte waren schon empfindlich kalt.

Auf unserer Route kamen wir nun nach Reno/Nevada. Das war ein Spielerparadies. Die Stadt lebte erst nachts richtig auf. Glitzernde Leuchtreklamen ließen sie dann taghell erscheinen. Da konnten wir nicht widerstehen und versuchten auch unser Glück beim Spiel. Vergebens.

Californias Berge, die Sierra Nevada, waren in Sicht. Nun konnte es nicht mehr weit bis zum Meer sein. Wir merkten es auch am angenehmeren Klima. Ein warmer Wind streifte durch das offene Autofenster. Die Vegetation veränderte sich. Ein sattes Grün überzog die sanften Hügel, die den Sierra Nevada Bergen vorgelagert waren. Nach einigen tausend Meilen erreichten wir ohne Zwischenfälle die Westküste, San Francisco.

Beim Anblick des Meeres schlugen unsere Herzen höher. Wir ließen uns das kühle Wasser des Pazifik um die Füße spielen und tranken dabei einen Schluck Whisky aus Kentucky.

Die beiden Krankenschwestern aus Kentucky blieben in San Francisco. Aber Fergusons und ich waren noch nicht am Ziel unserer Reise. Wir wollten nach Springville, unserem neuen Arbeitsort.

Unsere Straße verlief entlang der Küste. Palmen und Eukalyptusbäume säumten sie. Wohin das Auge blickte, zeigte sich die Landschaft in prächtigen Farben. Felsvorsprünge im Meer waren von Seehundkolonien bevölkert. Wir hielten an und schauten den Tieren eine Weile zu. Sie spielten wie Kinder im Wasser. Es war amüsant, diese Tiere aus der Nähe zu betrachten. Die langen Barthaare und die dunklen Knopfaugen ließen sie recht schelmisch erscheinen.

Bald darauf mussten wir die Küste verlassen und nach Osten abbiegen. Wir näherten uns den Kleinstädten Salinas und Fresno im San Joaquin Valley, dem Garten Eden. Zu beiden Seiten der Straße erstreckten sich riesige Orangen- und Pfirsichplantagen. Die Baumreihen waren wie mit einem Lineal gezogen. Ein berauschender, süßlicher Duft erfüllte das Tal. Gemüsefelder und Plantagen mit Beerenobst, Apfel-, Birnen und Pflaumenbäumen wechselten sich ab. Es war offensichtlich eine außerordentlich fruchtbare Gegend. Später erfuhr ich, dass die bekannten kalifornischen Früchteerzeugnisse hier wachsen. An anderer Stelle konnte ich große Maschinen bei der Ernte der Baumwollfelder beobachten.

Aber nun erreichten wir Springville, einen kleinen Ort am Fuße des Sequoia National Forest gelegen. Vor uns lag ein sehr gepflegt aussehendes weißes Gebäude - unsere neue Wirkungsstätte, das Hospital. Zwischen Grünflächen und Orangenbäumen standen noch mehrere Häuser. Auch einen Swimmingpool entdeckte ich. Erwartungsvoll meldeten wir uns im Hospital bei der Matron.

Es war schon eine kleine Sensation, dass in einem Kleinstadthospital an einem Tag gleich drei neue Nurses den Dienst begannen. Und ein Nurse-Ehepaar, wie die Fergusons, gab es hier überhaupt noch nicht.

Fergusons kamen vor drei Jahren aus Schottland nach Dallas/Texas, später nach Kentucky, wo ich sie kennen gelernt hatte. Margret war eine kleine, mollige Person. Sie konnte herzhaft lachen. In ihrer Ehe war sie wohl der bestimmende Partner. Douglas war ein gutmütiger Mensch. Durch eine Hüftverletzung in der Kindheit war er etwas gehbehindert. Sein lausbubenhaftes Wesen und das hübsche Gesicht mit den strahlenden Augen sorgten dafür, dass er schnell "Hahn im Korb" war. Fergusons wünschten sich sehnsüchtig ein Baby.

Ich erhielt im Schwesternheim eine Wohnung. Da Männer dieses Wohnheim nicht betreten durften, wies man Fergusons ein kleines Häuschen in der Nähe des Hospitals zu.

Von meinem Bett aus sah ich auf die Orangenbäume mit ihren vollreifen Früchten vor meinem Fenster. So frisch gepflückt schmeckten die Früchte vorzüglich.

Ich war als leitende Schwester der chirurgischen Abteilung

eingestellt worden und freute mich auf die Arbeit.

Verwundert war ich anfangs, dass unsere Patienten aus der weiteren Umgebung in unser Hospital kamen. Unser Chefarzt, ein schlanker älterer Herr mit randloser Brille, war stattlich. Seine ruhige und bescheidene Art machten ihn ungemein sympathisch. Er war der Entdecker des Valley Fever Virus.

Die Krankheit, die dieser Virus hervorrief, hatte viele Menschen, fast ausschließlich Plantagenarbeiter, das Leben gekostet. Die Krankheit kam nur im Joaquin Valley vor. Sie verursachte Atemschwierigkeiten bis hin zur Lähmung der Lunge.

Unser Doc, so nannten hier alle den Chefarzt, hatte sich intensiv mit der Krankheit beschäftigt, den verursachenden Virus entdeckt und konnte nun den Kranken helfen.

Meine Zimmernachbarin Toni war Holländerin und arbeitete schon einige Jahre hier in Springville. Sie hatte früher in Amsterdam gelebt, war eine elegante Stadtfrau und passte eigentlich gar nicht in diese Kleinstadt. Als wir uns angefreundet hatten, sprach sie mit mir über ihre enge Beziehung zum Chefarzt. Das war der Grund für ihr Verweilen an diesem kleinen Ort. Ich verbrachte mit ihr viele Stunden am Swimmingpool des Schwesternhauses zwischen Palmen und duftenden Blumen und unterhielt mich gern mit ihr.

Hinter dem Hospital lud ein Berg zum Klettern ein. Fergusons wagten mit mir den Aufstieg. Wir hatten festes Schuhwerk angezogen und ausreichend Getränke eingepackt. Die Einheimischen warnten uns vor Klapperschlangen. Der Aufstieg kostete viel Kraft, weil er durch hohes Gras und Geröll erschwert wurde. Wir suchten einen geeigneten Rastplatz auf einem runden Gesteinsbrocken, den wir eingedenk der Warnungen vorher gründlich mit Stöcken nach Schlangen absuchten. Erschöpft ließen wir uns nieder, ein kühles Getränk gab dem Körper neue Frische.

Es huschte ein Schatten über das Gras. Wir blickten auf und sahen im hellen Blau des Himmels einen Adler über uns fliegen.

Majestätisch zog er seine Kreise, auf uns hernieder blickend.

Für eine Fortsetzung des Aufstiegs fehlte uns doch die Kraft. Wir kehrten um und kamen müde und schlapp am Ausgangspunkt unserer Klettertour an.

Einige Tage später ging ich nachmittags vom Hospital zum Schwesternwohnheim. Die Sonne brannte vom Himmel. Kein Lüftchen regte sich. Ich trug den Kopf gesenkt. Zum Glück, denn sonst hätte ich den Wegrand nicht im Blickfeld gehabt. Ich hielt erschrokken inne. Auf einem flachen Stein lag eingerollt eine Klapperschlange. Ihr Schwanzende lag quer über ihrem Körper. Wie schnell hätte sie den Schwanz aufstellen können, mit ihm laut klappern und... Sie wurde rechtzeitig erschossen. Es war auch schon vorgekommen, dass Schlangen in die Häuser eindrangen.

Meinen Eltern schrieb ich ausführlich von meinen Reiseerlebnissen, von meiner neuen Arbeit und meinen Bekannten. Ich ließ sie auf diese Weise an meinem Leben teilhaben, und sie freuten sich darüber. Ich spürte, dass sie sich sehr für Kalifornien interessierten.

Da ich finanziell keine Sorgen hatte, konnte ich meiner Mutter ein Flugticket schicken und sie einladen, Urlaub bei mir in Kalifornien zu machen. Vater konnte aus gesundheitlichen Gründen eine solche Reise nicht antreten, aber Mutter war begeistert von der Möglichkeit, zu mir in die USA fliegen zu können.

Der Tag ihrer Ankunft in "Amerika", wie sie es immer nannte, war gekommen. Ich erwartete sie ungeduldig auf dem Flugplatz in San Francisco. Viele Passagiere hatten bereits die Zollkontrolle passiert, aber von meiner Mutter war immer noch nichts zu sehen. War sie nicht mitgekommen?

Da, endlich trat sie durch die Tür. Fidel und munter rief sie mir schon von weitem einen Gruß zu. Ihr Gesicht strahlte. Sie trug die Haare, die inzwischen schon ein wenig ergraut waren, kurz geschnitten. Flott sah sie aus. Und als ich ihr das sagte, quittierte sie mein Kompliment lachend.

Da in der Nähe des Flughafens eine ehemalige Kollegin aus Bralorne wohnte, statteten wir ihr zunächst einen Besuch ab. Ihr Mann, ein Schweizer, hatte seine helle Freude an meiner Mutter, weil sie mit solcher Begeisterung und Wissbegier an der Stadtbesichtigung teilnahm. Nur wenn wir mit dem Cable Car die steilen Straßen hinunterfuhren, wurde ihr Angst und Bange. Beim Anblick der Golden Gate Brücke, die die San Francisco Bay überspannt, war sie überwältigt: "Ich kenne sie doch von Bildern. Jetzt stehe ich selber hier. Unglaublich!"

Mit meinem neuen Cabrio fuhren wir die Küstenstraße entlang nach Springville. Wir ließen uns den Wind durchs Haar wehen. Ich schaute in Mutters glückliches Gesicht und erfreute mich an der Art, wie sie die vielen neuen Eindrücke kommentierte. Endlich hatte ich meine Mutter einmal für mich ganz allein! Jeder der folgenden Tage war für mich wie ein Geschenk.

In den Briefen an die Eltern hatte ich oft von den Indianern berichtet, von ihrem Leben und meinen Gefühlen für sie. Mutter hatte das wohl nie ganz verstanden, denn auf unserer Fahrt in die Reservation saß sie mit unguten Gefühlen neben mir im Auto. Sie hielt Indianer für gefährlich.

Vorbei an Weiden mit riesigen Rinderherden, bogen wir nun ins Indianergebiet ein. Mutter saß steif auf ihrem Sitz und schaute ängstlich drein. "Halte ja nicht an!" sagte sie, als die ersten Häuser zu sehen waren. Da standen auch schon die ersten Indianerkinder am Straßenrand. Mutter sah sie und bat mich, aussteigen zu dürfen. "Ach, sind die niedlich! Diese schwarzen Kulleraugen!" Mit diesen Worten umarmte sie gleich eines der Kleinen und putzte ihm das Näschen. Von Angst war nichts mehr zu spüren. Nun verstand sie wohl auch meine Zuneigung zu diesen Menschen.

Während Mutters Aufenthalt in Springville fand auch das alljährliche Rodeo statt. Das musste Mutter natürlich sehen. Aufgeregt, mit rotem Kopf, verfolgte sie das Spektakel. Es war ja auch sehenswert, wenn die Cowboys ihre Reitkünste vorführten, mit dem Lasso wilde Stiere einfingen oder auf einem wilden Bullen ritten. Hier auf der Zuschauertribüne aß Mutter ihren ersten Hot Dog, ein Wiener Würstchen zwischen den Hälften eines langen weißen Brötchens, welches mit Krautsalat und scharfem Senf gefüllt ist. Sie fand Gefallen daran. Popkorn sagte ihr nicht zu.

Man hatte mir schon oft von der Kakteenblüte in der Borrego Wüste vorgeschwärmt. Mit Mutter gemeinsam wollte ich mir dieses Wunder anschauen.

Die Sonne brannte heiß auf den Wüstensand. Es war, als badete die Landschaft im mächtigen Licht des Himmels. Das Atmen fiel schwer. Die Luft war angefüllt von starken Düften, ähnlich dem der Rosen und Nelken, nur viel intensiver. Manche Blüten waren tellergroß. Andere Kakteen hatten viele kleine Blüten.

An einem schattigen Rastplatz bereitete ich unser Picknick vor. Während ich den Korb aus dem Auto holte, entfernte sich Mutter, um sich die Kakteen näher zu betrachten. Ich warnte sie: "Pass auf Schlangen auf!", doch im selben Augenblick hörte ich sie auch schon aufschreien. Mit großen Schritten kam sie zu mir zurück. Eine Schlange war es nicht gewesen. Sie hatte eine der Kakteenblüten anfassen wollen, als ihr ein Stachel entgegen geflogen kam und sich in ihrem Daumen festsetzte. Sie hatte einen fleischfressenden Kaktus berührt. Nun war Mutter äußerst vorsichtig, behielt zu den Kakteen gehörigen Abstand.

Da Mexiko nicht weit war, unternahm ich mit Mutter einen Abstecher dorthin. Wir fuhren über die Grenze bis zu einer Kleinstadt, von der ich wusste, dass man dort gute Lederwaren einkaufen kann. Schon bald umringten uns die Händler und boten ihre Waren feil: handgearbeitete Lederwaren, reich verzierte Gürtel mit großen silbernen Schnallen, kunstvoll gearbeitete Handtaschen, Silberschmuck in vielen Variationen. Die Händler erwarteten, dass man mit ihnen den Preis aushandelte. Mir war diese Art des Einkaufens bis dahin unbekannt. Ich verständigte mich deshalb mit Mutter. Als uns die Händler miteinander sprechen hörten, verstummten sie, lauschten. Die für sie unbekannte deutsche Sprache flößte ihnen offensichtlich Respekt ein. Sie bedrängten uns nicht mehr, sondern bedienten uns höflich.

Während unseres Zusammenseins sprachen wir oft vom Vater. Wir wären beide glücklich gewesen, wenn er diesen Urlaub mit uns hätte verbringen können. Aber Mutter war schon froh, dass er in seiner neuen Heimat Fuß gefasst hatte und rege am Gemeindeleben teilnahm. Mehrere ältere Herren trafen sich regelmäßig sonntags vormittags zum Plaudern und unternahmen auch gemeinsame Reisen, auf denen sie die Ehefrauen mitnahmen. Vater widmete sich sehr seinem Hobby, der Kunstschmiedearbeit.

Als sich meine Urlaubstage dem Ende zu neigten und ich wieder arbeiten musste, hatte ich Bedenken, dass Mutter sich während meiner Abwesenheit langweilen könnte. Aber sie fand hinreichend Ablenkung. Obwohl sie kein Wort Englisch sprach, "unterhielt" sie sich mit den Angestellten des Hospitals. Sie verständigte sich mit Händen und Gesten. Dann traf sie auf einen Mitarbeiter, der als GI in Deutschland stationiert gewesen war. Er aktivierte zu Mutters Freude seine geringen Deutschkenntnisse und war ihr ein liebenswerter Gesprächspartner.

Kolleginnen nahmen sie auch mit zum Einkauf in die nahe gelegene Stadt. Eines Abends erzählte sie kopfschüttelnd: "Wally, stell dir vor, Darlene ist zwanzig Meilen gefahren, um für dreißig Cent eine Zeitung zu kaufen." Sie konnte sich gar nicht beruhigen. In Springville gab es zwar keinen Supermarkt, aber Zeitungen und Bücher konnten wir hier kaufen.

Ich fuhr mit Mutter natürlich regelmäßig in die Stadt zum Einkauf. Wenn wir uns dabei unterhielten, sprach sie ihren Harzer Dialekt. "Damit uns keiner versteht", sagte sie zur Begründung. So machte sie es auch vor einem Regal mit abgepacktem Weißbrot. Sie nahm eine Packung, drückte sie wie eine Ziehharmonika zusammen und meinte: "Die müssen mal zu uns kommen und das Backen lernen."

Da räusperte sich eine Frau hinter dem Regal und antwortete Mutter im gleichen Harzer Dialekt. Verdutzt schauten wir uns an. Die Frau trat auf uns zu: "Ach, war das eben schön, eine Stimme aus der Heimat zu hören." Es stellte sich heraus, dass die Frau gleich nach dem Krieg ausgewandert war. In einem Ort, nur zwanzig Kilometer von unserem Stolberg entfernt, hatte sie bis dahin gelebt. Ihre Freude war so groß, dass sie uns zum Abendessen in ihr Haus einlud.

An diesem Abend sprachen wir viel über unsere gemeinsame alte Heimat. Sie vermisste die sagenumwobenen Harzer Berge, seinen lieblichen Wald, die reichen Buchenbestände und nicht zuletzt die Köstlichkeiten der heimischen Gastronomie. Es waren nette Stunden des Gedenkens an die Heimat im so weit entfernten Amerika. Unser zufälliges Zusammentreffen im Supermarkt kommentierten wir: "Die Welt ist doch klein."

Nun bereitete sich Mutter auf den Heimflug vor. Die schöne Zeit ging zu Ende. Ich war dankbar, weil ich ihr lange nicht so nah war. Und Mutter hatte sich diese Reise und die schönen Erlebnisse verdient nach all den leidvollen Jahren.

Nach einiger Zeit fassten Toni und ich den Entschluss, nach Los Angeles zu wechseln. Jetzt, wo wir uns angefreundet hatten, sah Toni eine Chance, Springville den Rücken zu kehren. Ich fühlte, dass sie unbedingt eine andere Arbeitsstelle wollte, um damit auch die Beziehung zum Doc beenden zu können. Sie sprach nicht viel über ihre Gefühle, ich konnte es nur erahnen. Wir wollten jedoch nichts übereilen. Es drängte uns nichts. Befreundete Nurses aus Holland, die in Los Angeles lebten und arbeiteten, wollten uns bei der Jobsuche behilflich sein.

Unser Doc war begeisterter Hobbyflieger. Er nahm uns manchmal in seinem Privatflugzeug mit nach Las Vegas. Dann flogen wir nach dem Dienst, am späten Nachmittag. Beim Anflug sahen wir das hell erleuchtete Las Vegas unter uns. Das war schon ein toller Anblick, weil der Kontrast zur Wüste, die die Stadt umgab, und dem kargen Indianerland gar so groß war. In dieser Neonlichtmetropole pulsierte das Leben erst am Abend und ging bis in die Morgenstunden.

Ich hatte keine Ahnung vom Glücksspiel, aber das lernte man schnell. "Einarmige Banditen" nannte man die Spielautomaten, weil sie an der rechten Seite einen Hebel oder Arm hatten. Sie standen in Reih' und Glied dicht nebeneinander. Es war möglich, an mehreren gleichzeitig zu spielen. Ich setzte mir stets eine Grenze, wieviel Geld ich verspielen wollte. Über dieses abgesteckte Limit ging ich nie hinaus. Meist lief es so: gespielt - gewonnen - verloren. Aber das war eben der "Kick" von Las Vegas. Und wenn man nicht spielen wollte, ging man eben zu einer Life- und Dinner-Show bekannter Entertainer. Sehr beliebt war damals die Show von Frank Sinatra. In Las Vegas wurde es einem nie langweilig. Oft verbrachten wir das ganze Wochenende dort.

Aber auch die Natur rings um Springville zog mich in ihren Bann. Springville lag an den Sierra Mountain. Ich fuhr gern in die nahen Berge, um im Wald spazieren zu gehen. Ganz in der Nähe waren auch der Kings Canyon und der Sequoia Nationalpark. Wenn man Frieden suchte, dort konnte man ihn finden. Ich traf selten Menschen auf meinen Spaziergängen. Ehrfürchtig stand ich vor den riesigen Mammutbäumen, in deren Stamm mein Auto Platz gehabt hätte. Ich traf Hirsche und Rehe und lauschte dem Gesang der Vögel.

Als ich einmal im späten Frühling in die Berge fuhr, traf ich dort oben noch auf tiefen Winter. Da passte ich mit meinem offenen Auto im trägerlosen Kleid nicht hin. Als ich eine Stunde vorher in Springville abfuhr, war es dort sommerlich warm gewesen. Jetzt konnte ich nicht widerstehen und lief einmal barfuß durch den Schnee. Zwanzig Minuten später legte ich mich am Fuße des Berges zum Sonnenbaden in eine wunderschöne Blumenwiese. Das war California!

Vor meinem Wechsel nach Los Angeles wollte ich noch das kalifornische Staatsexamen für Krankenpflege nachholen. Die Aufnahmeprüfung dafür hatte ich bereits bestanden. Da sich der Kursbeginn etwas verzögerte, konnte ich noch eine kurze Reise nach Deutschland unternehmen. Ich verbrachte einen angenehmen Urlaub im Kreis meiner Familie. Dazu gehörten Spaziergänge durch die hügelige Landschaft des Kraichgaus mit den Weinbergen. Mein Bruder, der inzwischen abgeheuert hatte, war immer dabei. Wie in der Kinderzeit pirschten wir durch den Laubwald. Wenn wir einen Jägerstand entdeckten, kletterte ich hinauf. Das hatte ich früher immer so gemacht. Ich sah, dass es meinen Eltern gut ging und dass sie mit ihrem Leben zufrieden waren. Das freute mich und war beruhigend für mich.

Als mich die Familie zum Flughafen begleitet hatte, hörten wir aus den Lautsprechern der Flughalle die Ankündigung orkanartiger Stürme über Nordeuropa. Anfangs machte ich mir keine großen Gedanken darüber, aber bald nach dem Start spürten wir die Auswirkungen. Das Flugzeug flog unruhig. Die Stewardessen gingen ständig durch die Reihen. Die Passagiere mussten angegurtet bleiben und sollten nur im dringendsten Fall die Toilette aufsuchen. Dann sah ich durchs Fenster eine Wolkenwalze auf uns zukommen. Es waren gelb-graue Wolken, die sich mit großer Geschwindigkeit bewegten. Das war der Sturm. Das Flugzeug wurde durchgerüttelt. Die Tragflächen schwankten und krachten so stark, dass ich dachte, sie würden jeden Moment abbrechen. Die Stewardessen kümmerten sich unermüdlich um die angsterfüllten Passagiere. Und wenn die Erschütterungen gar zu stark wurden, legten sie sich in den Gang. Ein junger Mann neben mir begann laut zu weinen. Er zitterte am ganzen Körper. Auch andere Passagiere weinten oder beteten laut. Das Flugzeug hatte nach dem Start in Frankfurt noch nicht die Höhe erreicht, um über dem Sturm fliegen zu können. Die Manövrierfähigkeit des Flugzeuges wurde durch wechselnde Richtung des Sturmes zusätzlich erschwert. Dank der hervorragenden Leistung des erfahrenen Piloten glückte es, das Flugzeug sicher in Island notzulanden. Wir mussten noch längere Zeit im schwankenden Flugzeug ausharren, bis wir endlich aussteigen konnten. Wir wurden aufgefordert, uns gegenseitig fest zu umklammern, wenn wir die Gangway hinunter stiegen und über das Rollfeld zum Flughafengebäude gingen. Der Sturm drohte einen hinwegzufegen. Ich atmete auf, als wir das Gebäude endlich erreicht hatten. Nachdem sich der Sturm gelegt hatte, konnten wir unseren Flug zwar ohne weitere Zwischenfälle fortsetzen, aber ich sagte mir: "Nie mehr fliegen!" Diesmal hatte mein Schutzengel wieder auf mich aufgepasst.

Für drei Monate ging ich zum theoretischen und praktischen Unterricht nach Visalia in die Psychiatrische Klinik. Das war Neuland für mich. Während der Ausbildung in Deutschland hatten wir keinen Unterricht in Psychiatrie. Mir war klar, dass ich den mir zugeteilten Patienten mit großem Einfühlungsvermögen begegnen musste. Anfangs hatte ich manchmal den Eindruck, dass die Leute völlig gesund waren, aber nach einem längeren Gespräch mit ihnen wurde mir das Ausmaß ihrer Krankheit bewusst.

Im Herbst 1965 legte ich mein Staatsexamen ab und war nun eine Registred Nurse. Die Examenspapiere und mein Diplom trugen die Unterschrift von Ronald Reagen, der damals Gouverneur von California war.

In der Zwischenzeit hatte Toni nach einer Wohnung in Los Angeles Ausschau gehalten und mit Glück ein geräumiges Apartment in einem Neubau in Santa Monica gefunden.

Der Tag des Umzugs kam. Wir verstauten unsere Koffer und angesammelten Utensilien in den Autos. Sogar das junge Kätzchen, das uns kurz vor unserem Umzug zugelaufen war, nahmen wir mit. Auf ging die Fahrt in Richtung Süden!

Santa Monica gefiel mir gleich. Es war eine saubere und gepflegte Stadt. Die breiten Straßen waren von Palmen gesäumt. Der Strand und das Meer waren nah.

Unsere Wohnung befand sich in einem weißen Apartmenthaus. Jeder hatte ein eigenes Schlafzimmer mit Bad, das große Wohnzimmer, die Küche und den Balkon nutzten wir gemeinsam. Neben dem Balkon stand ein Avocadobaum, der uns Schatten und frische Früchte spendete.

Toni ging zur Universität, UCLA, ich bekam einen Job als Abteilungsschwester in einem Privathospital in Bel Air. Hier wurden viele bekannte Persönlichkeiten aus dem Showgeschäft von Hollywood und Beverly Hills behandelt. So auch mein Schwarm, Robert Taylor, der sich einer Augenoperation unterziehen musste. Ich bekam die Chance, ihm mehrfach in die eindrucksvollen blauen Augen zu schauen. Auch Eva Gabor und den Ministerpräsidenten von Mexiko sah ich in diesem Hospital.

Das Hospital glich eher einem Hotel. Es hatte eine elegant gestaltete Eingangshalle, war mit dicken Teppichen ausgelegt und mit vielen Grünpflanzen und Blumen ausgeschmückt. Ich mochte diesen neuen Arbeitsplatz.

Toni und ich gingen zum Reiten, und wir lernten Golf spielen. Den größten Teil meiner Freizeit verbrachte ich aber am Meer. Es war ganz neu für mich, stundenlang das Wasser zu genießen. Zum Ski fahren fuhr ich nach Mammoth Mountain in die Sierras. Ja, es gab viele Möglichkeiten. Leider fuhr Toni nicht so gern durch die Gegend wie ich. So musste ich meine Touren fast immer allein fahren.

An diesem Morgen war der Grand Canyon mein Ziel. Die

Sonne strahlte vom kalifornischen Himmel, wohltuend blies der laue Fahrtwind durch mein Haar. Jetzt, im Frühjahr, war es im Canyon noch nicht so heiß und trocken. Ich freute mich auf dieses Weltwunder. Die größte Schlucht aller Kontinente tat sich vor mir auf. Nahezu zweitausend Meter tief hat sie der Colorado in die Felsen gekerbt. Ganz langsam fuhr ich die Canyonstraße entlang. Es war wenig Verkehr, so dass ich diese Naturschönheit voll genießen konnte. In der Angel Lodge, dem einzigen kleinen Motel im Canyon, bekam ich unangemeldet ein Zimmer. In der Empfangshalle saßen einige Gäste vor dem brennenden Kamin. Ich hatte gleich ein angenehmes, wohliges Gefühl beim Betreten dieses Raumes.

Im Grand-Canyon - tief unten fliesst der Colorado

Nach dem Abendessen unternahm ich einen Spaziergang, um den Sonnenuntergang im Canyon zu beobachten. Die untergehende Sonne zauberte wechselnde Farbspiegelungen an die Wände des Canyons. Ein kleines Sportflugzeug flog durch die Schlucht. Mir kam es vor, als summte eine Biene durch das Massiv. Ich sah weit und breit keine Menschenseele. Nur der Wind sang leise sein Abendlied.

Zeitig legte ich mich zu Bett, denn ich wollte am nächsten Morgen sehr früh geweckt werden. Gemeinsam mit den anderen Gästen des Motels planten wir einen Ritt auf Mulis in den Canyongrund.

Nach dem Frühstück holte uns ein Cowboy ab und führte uns zu den Maultieren. Unsere Gruppe zählte acht Personen. Ein extra Lasttier wurde mit der Verpflegung für den Tag beladen.

Im Canyon war es noch schattig und bitter kalt. Die Sonne strahlte eine Seite der Schlucht an und färbte diese glutrot. Der Cowboy führte uns einen schmalen Pfad die Canyonwand hinunter. Es ging sehr steil abwärts. Die Mulis trotteten aber brav und sicheren Trittes den Pfad entlang. Uns Reitern war beim Blick in die Tiefe nicht sonderlich wohl zumute. Manchmal schloss ich einfach die Augen, damit ich nicht vor Angst vom Muli fiel. Langsam stieg die Sonne höher und erwärmte uns mit ihren Strahlen. Auch die Vögel begannen zu zwitschern und folgten uns mit ihrem Gesang. Als wir das große Steilstück hinter uns gelassen hatten, wurde eine Rast eingelegt. Unser Cowboy breitete auf den Tisch einer kleinen Schutzhütte ein schmackhaftes Lunchpaket. Mit Heißhunger fielen wir über die lecker zubereiteten Brote her. Gestärkt ging es weiter, bis wir den ersten Blick auf den wilden Colorado Fluß werfen konnten. Er schlängelte sich durch das Labyrinth des Canyons. Ein Schlauchboot wirbelte über den Fluss wie ein kleiner Wasserball. Geraume Zeit genossen wir den Ausblick. Dann begann der Heimritt. Alle paar Minuten musste den Mulis eine kurze Rast gegönnt werden. Der steile Aufstieg verlangte ihnen viel ab. Und an jedem Tag des Jahres mussten sie diese Tour bewältigen.

Als ich vom Rücken meines braven Mulis stieg, fühlte ich mich erschöpft. Vom langen Sitzen in Reiterposition wollten mir die Beine nicht mehr gehorchen. Jetzt dunkelte es schon. Vom Rand des Abgrundes hatte man einen unermesslich weiten Blick. Die Abendsonne tauchte alles in seltsames Licht., so dass die skurril gewachsenen Bäume geisterhaft aussahen.

Nach dem Abendessen lauschten wir am Kaminfeuer dem Gesang und dem Banjospiel der Cowboys. Es war romantisch - wie im wilden Westen!

Am nächsten Morgen setzte ich meine Fahrt allein fort. Es war so kalt, dass mir die Finger schmerzten. Der Nebel lichtete sich ein wenig, und eine fahle kalte Helligkeit umgab mich. Über Nebenstraßen kam ich zum Navajoland. Bald sah ich die ersten Hogans, aus Lehm gebaute Rundhütten der Navajo Indianer. Es war ein karges Land ohne Weideflächen für eine Viehhaltung. Ich sah nur einzelne Schafe, die sich mit dem wenigen Grün begnügten. Der Wind trieb ein munteres Spiel mit den Tumbleweed, den rollenden Grasbüscheln.

Ich sah Frauen vor dem Hogan am Webgerüst sitzen und Teppiche oder Umhänge fertigen. Mir war bekannt, dass die Navajo Indianer wunderschöne Handarbeiten aus Leder und Silberschmuck herstellten, dass sie ein fleißiges und stolzes Volk waren.

Viele Stunden fuhr ich durch dieses Land. Ich begegnete keinem einzigen Auto. Manchmal beschlich mich ein mulmiges Gefühl, aber mir geschah nichts. Bei angenehmer Radiomusik fuhr ich weiter durch dieses einsame Navajoland bis ich auf den Sonnenuntergang aufmerksam wurde. Ein großer Felsstein, geformt wie ein Zuckerhut, stand unweit der Straße. In der Abendsonne glühte er wie Feuer. Aber auch nur er hatte diesen phantastischen Schein. Das musste ich mit der Kamera festhalten. Ich stoppte das Auto, stieg aus und fotografierte. Da merkte ich, dass ich außer dem Klicken der Kamera keinen anderen Laut gehört hatte. War etwas mit meinen Ohren? War kein Vogel, kein Wind zu hören? Ich rief laut meinen Namen. Er kam als Echo zurück. Also, mein Gehör hatte keinen Schaden genommen, es war hier so still. Mir wurde bewusst, wie allein ich war. Ich hatte geglaubt, solche Ruhe könnte es nur auf einem fernen Planeten geben.

Meine Route führte mich nun durch Death Valley, das Tal des Todes. Nur weil die Jahreszeit jetzt noch kühl war, wagte ich es, allein durch dieses Tal zu fahren. Während der heißen Monate hätte ich das nicht getan. Dann könnte man nämlich beim Durchfahren dieses "kochenden" Tales schnell in lebensbedrohliche Situationen geraten. Nur wenige Häuser standen im Tal. Eine einzige Übernachtungsmöglichgkeit gab es in einer Oase. Ich hatte mich darauf eingestellt, hatte mich ausreichend mit Essen und Trinken bevorratet und natürlich auch mit Benzin.

Die Hügel und Berge zu beiden Seiten des Tales zeigten die Brandspuren der Sonne. Die Gegend glich einer Mondlandschaft. Konnte hier überhaupt ein Lebewesen existieren? Ich stieg aus dem Auto und schaute mich ein bisschen um. Doch, da war Leben: kleines Getier, Insekten, Schlangen, sogar ein Vogel piepste aus einem Strauch.

Ich mochte schon Stunden unterwegs gewesen sein, als ich plötzlich, ganz unvorbereitet, vor meterhohen Sanddünen stand. Solche Bilder kannte ich von der Wüste Sahara in Afrika. Dorthin fühlte ich mich versetzt. In größter Erregung kletterte ich eine Düne hinauf und hielt Ausschau. Ich sah wahrhaftig einen Menschen, einen Reiter, der sich zum Horizont hin entfernte und verschwand, wie vom Winde verweht.

Ich erreichte die Oase. Dort hatten ein paar alte Goldsucher ihr Lager aufgeschlagen. Ihre braungebrannten Gesichter ähnelten gegerbtem Leder. Kaum noch Zähne im Mund, kauten sie ununterbrochen Kautabak. In regelmäßigen Abständen spuckten sie die angesammelte braune Brühe im hohen Bogen aus. Sie waren offensichtlich froh, dass ich mich zu ihnen setzte. Endlich hatten sie einen Zuhörer für ihre Geschichten. Die handelten davon, wie sie ihre ersten Goldnuggets oder Goldklümpchen gefunden hatten, welchen extremen klimatischen Bedingungen sie ausgesetzt gewesen waren und was sie an Freud und Leid gesehen und erlebt hatten.

Wieder zu Hause, erzählte ich Toni von den vielen Eindrükken meines Ausfluges und konnte nicht verstehen, dass sie sich so etwas entgehen ließ.

Als im Sommer in Tijuana die mexikanische Stierkampfsaison begann, überredete mich Toni, mitzukommen und mir einen solchen Kampf einmal anzuschauen.

Ann, eine Bekannte aus Springville, die jetzt in San Diego arbeitete, begleitete uns. Wir waren rechtzeitig losgefahren, um die besondere Atmosphäre der Stadt vor dem Stierkampf zu erleben. Wir gingen in eine Bar, weil wir ein typisch mexikanisches Getränk genießen wollten, aber auch in der Erwartung, dort Gladiatoren zu treffen. Die dunkelbraune geschnitzte Einrichtung gab der Bar ein elegantes Flair. Es waren bereits viele Leute dort, und wir hatten Mühe, Plätze zu finden. Als wir drei Blondinen eintraten, starrte man uns ziemlich auffällig an. Jede unserer Bewegungen wurde aufmerksam verfolgt. Das Aufsehen, das wir hervorriefen, irritierte mich. So bestellte ich versehentlich einen anderen Drink, als ich eigentlich gewollt hatte. Ich nahm einen Schluck, meine Speiseröhre brannte. Es war Tiquila pur - ein großes Glas voll. Vor Schreck blieb mir der Mund offen. Solche scharfen Sachen war ich nicht gewöhnt. Die Männer schauten vielsagend lächelnd zu mir herüber. Ich dachte nur: „Wally, keine Blöße geben!" Toni riet mir: "Streue Salz auf den Handrücken! Salz lecken, Tiquila trinken, und das immer abwechselnd!" Wie ich mich fühlte, konnte ich verbergen. Die Speiseröhre schmerzte, der Magen wollte zerreißen. Es war furchtbar. Aber ich schaffte es, erhobenen Hauptes die Bar wieder zu verlassen.

Als wir die Arena betraten, bot sich uns ein buntes Bild fröhlicher und erwartungsvoller Menschen. Aus nah und fern waren die Mexikaner, mit Picknickkörben ausgestattet, angereist, um die Stierkämpfe zu sehen. Ungeduldig warteten alle auf den Beginn des ersten Kampfes. Wir hatten einen guten Platz erwischt, ganz in der Nähe jener Damen und Herren, vor denen sich die Stierkämpfer verneigten. So konnte ich ihnen in die Gesichter schauen. Ich war erstaunt, mit welcher Würde und Eleganz sie dem wütenden Stier entgegentraten. Wenn der Stier mit einem einzigen Dolchstoß getötet wurde, jubelten die Zuschauer voller Hochachtung und Anerkennung dem Stierkämpfer zu, der sich dankbar mehrfach vor dem Publikum verneigte. Wenn aber einer der Kämpfer den Stier nicht gleich töten konnte, ließen die Zuschauer ihrem Unmut freien Lauf. Schimpfworte und Buhrufe erfüllten die Arena. Die Zuschauer wollten faire Kämpfe sehen. Der Stier sollte nicht gequält werden. Es war gut, dass ich ein Buch über Stierkämpfe gelesen hatte. So verstand ich die Rituale beim Kampf besser.

Aus Springville kannte ich einen deutschen Röntgenassistenten, der schon viele Jahre in Kalifornien lebte. Er besaß ein wunderschönes Haus inmitten einer Orangenplantage. Seine kalifornische Frau lud Toni und mich mehrfach zu ihren Grillpartys ein. Diese Feste liebte ich. Vor allem deshalb, weil sie unter Orangenbäumen stattfanden. Die Bäume trugen doch gleichzeitig wohlriechende Blüten, grüne Früchte und reife. Saßen wir dann bei den milden Abendtemperaturen und sahen dem Sonnenuntergang zu, wünschte ich mir, diese Augenblicke mit allen Sinnen zu genießen und in der Erinnerung zu bewahren.

Nach mehrmonatiger Arbeit im Bel Air Memorial Hospital wechselte ich zum Hospital der University of California Los Angeles, UCLA. Dort wollte ich eine Ausbildung auf der Intensivstation der Herz- und Lungenchirurgie durchlaufen. Das Hospital hatte einen guten Ruf und ich war froh und stolz, dort beginnen zu dürfen und ein Teil davon zu sein.

Intensive Gerätemedizin, wie sie hier betrieben wurde, kannte ich noch nicht. Ich lernte, die Geräte und Apparaturen auseinander zu nehmen und wieder zusammmen zu setzen, wie ein Mechaniker. Bald war ich in der Lage, Patienten an Geräte anzuschließen und die Geräte einzustellen. Es war ein völlig anderes Tätigkeitsfeld, als das, was ich bisher gemacht hatte. Ich nahm diese Herausforderung gern an. Die Arbeit auf der Intensivstation war sehr anstrengend. Wenn ich Nachtdienst hatte, war ich allein. Ich durfte den Raum nie verlassen. In der mir zustehenden kurzen Pause kam eine Vertretung. Besonders angespannt war die Situation, wenn frisch operierte Herzpatienten auf die Station kamen. Da lernte ich echte Teamarbeit kennen. Jede Schwester kannte ihre Aufgabe. Die Handgriffe waren trainiert. Die Handlungen der einzelnen griffen ineinander wie ein Zahnrad. Es war eine lehrreiche Zeit für mich.

Toni wechselte die Arbeit. Man hatte sie für die Privatpflege empfohlen. In Amsterdam hatte sie eine ausgezeichnete Ausbildung genossen. Sie war eine große und stattliche Frau mit sicherem und korrektem Auftreten. Ihre blonden Haare trug sie kurz. Beim Lachen zeigten sich Grübchen in ihren Wangen. Sie wirkte ungemein sympathisch. Sie wurde sehr bald zu Prominenten aus dem Film- und Musikgeschäft zur Privatpflege in deren Villen verpflichtet. Im Umgang mit diesen Leuten hatte sie keinerlei Probleme.

Im UCLA arbeiteten junge Leute aus der ganzen Welt. Manchmal hörte ich auch deutsch sprechen. Das war für mich immer ein freudiges Gefühl. Sonst hatte ich überhaupt keine Gelegenheit, deutsch zu sprechen. Dadurch war mein Englisch aber so perfekt geworden, dass ich nicht mehr als Ausländerin erkannt wurde.

Beim Einkaufsbummel fiel mir in einer Zeitung ein Artikel über Deutschland auf. Ich schaute genauer hin. Da wurde über eine Kleinstadt in Süddeutschland geschrieben. Ich las den Namen der Stadt: Bretten. Das war doch der Ort, in dem meine Eltern jetzt wohnten. Ich kaufte die Zeitung und las den Artikel mitten auf dem Fußweg. Berichtet wurde über den Bau eines sehr modernen Krankenhauses in dieser Stadt. Jetzt erinnerte ich mich, dass Vater auch in einem seiner Briefe darüber geschrieben hatte und dass er mich sogar im Traum hatte darin arbeiten sehen.

Das hatte ich schon wieder vergessen gehabt, weil es für mich nicht interessant war. Schon lange war mir klar, dass ich nicht nach Deutschland zurückgehen würde.Die USA waren mein Zuhause. In meinem Denken und meiner ganzen Lebensauffassung war ich amerikanisch. Ich hatte kein Heimweh mehr. Hier war meine neue Heimat, die ich liebte. Das pulsierende Leben von Los Angeles, mit seinem Labyrinth der Freeways zogen mich in ihren Bann. Ich mochte die Aussicht von den Hollywoodbergen über die Stadt. Weit konnte man schauen. Die große Stadt und das Meer lagen einem zu Füßen.

Nach meinem letzten Flug hatte ich mir geschworen, kein Flugzeug mehr zu besteigen. So buchte ich eine Schiffsreise, um zum Urlaub nach Europa zu fahren. Ein Ozeanriese war wenigstens sicher. (An die Titanic hatte ich nicht gedacht.) Die Reise war dann auch wirklich angenehm. Das Meer war meist ruhig, und das herrliche Sommerwetter sorgte für gute Stimmung unter den Passagieren. Wir näherten uns der englischen Küste. Die meisten Passagiere standen an der Reling und bestaunten die schroffe Küstenlandschaft. Gerade war der Lotse an Bord gekommen, als plötzlich ein U-Boot aufkreuzte und auf unser Schiff zusteuerte. Alle schauten auf das schlanke Schiff, das ruhig im Wasser lag und mit hoher Geschwindigkeit bedrohlich näher auf unser Schiff zukam. Dumpf tönten die Sirenen unseres Schiffes, wieder und immer wieder. Da ahnte ich, dass das keine Begrüßungszeremonie war. Ich hielt mich krampfhaft an der Reling fest. Das U-Boot hielt noch immer direkten Kurs auf unser Schiff. Der Abstand wurde immer geringer. Da, ein starker Ruck unseres Schiffes. Wir wurden zur Seite geschleudert. Dicht an unserem Schiff glitt das U-Boot vorbei.

Der Kapitän erläuterte später die Gefahrensituation. Der Lotse hatte sein Bestes gegeben, das Schiff so zu manövrieren, dass es nicht zu einer Kollision mit dem U-Boot kam. Dabei war aber eine der riesigen Schiffsschrauben in eine Boje gekommen und dadurch beschädigt worden. Sie fiel für den Rest der Fahrt aus. Das brachte uns eine Verspätung von acht Stunden. Nun war ich endgültig überzeugt, dass ich einen Schutzengel habe und nahm mir vor, künftig doch wieder zu fliegen.

Da mein Urlaub bei strahlendem Sommerwetter begann, vermisste ich die kalifornische Sonne nicht. Aber die täglichen Spaziergänge waren für mich eine Strapaze. Wer läuft schon in Amerika? Dort würden die Autos anhalten, um den Fußgänger mitzunehmen. Und mit Stöckelschuhen durch den Wald zu gehen ist eben anstrengend. Nachdem mich mein Bruder überzeugt hatte, bequeme Laufschuhe zu kaufen, ging es bedeutend besser und machte mir auch wieder Spaß.

Meinem Vater ging es gesundheitlich nicht gut. Ich beobachtete, dass er kurzatmig war und beim Gehen oft Pausen einlegen musste. Er versuchte, seinen Zustand vor mir zu verbergen. Wenn ich mich nach seinem Befinden erkundigte, gaben die Eltern ausweichende Antworten.

Durch meinen Bruder lernte ich ein nettes Ehepaar aus der Nachbarschaft kennen. Wir freundeten uns an. Bei Ella und Eugen erlebte ich deutsche Gemütlichkeit beim Feiern mit dem ganzen Familienclan. Es war für mich eine neue Erfahrung, dass eine große Familie so harmonisch mit viel Musik und Gesang feiern konnte.

Einen Tag vor meinem Rückflug überredete mich mein Vater, mir das neue Brettener Krankenhaus anzusehen. Eigentlich interessierte es mich nicht, aber Vater zuliebe ließ ich mich von ihm hinauffahren. Das Krankenhaus thront nämlich auf dem Berg über der Stadt wie ein Beschützer des kleinen Ortes mit seinen winkligen Gassen.

Die Oberin, eine große Frau, empfing mich freundlich und führte mich durchs Haus. Ich war beeindruckt. Es war zwar ein kleines, aber sehr modernes und sauberes Krankenhaus. Mit ihrer sympathischen Stimme und in badischem Dialekt sagte die Oberin beim Abschied: "Es wäre schön, wenn wir uns wiedersehen. Sie können zu jeder Zeit in diesem Hause anfangen." Dabei hielt sie lange meine Hand. Erst jetzt fiel mir auf, dass sie die gleiche Schwesterntracht trug wie ich selbst zu meiner Schülerinnenzeit. Mit eigenartigen Gefühlen ging ich zurück in die elterliche Wohnung.

Der Abschied von meinen Eltern fiel mir diesmal besonders schwer. Vaters Zustand machte mir Sorgen. Es bedrückte mich, dass sicher manches unausgesprochen geblieben war.

Wenige Wochen nach diesem Urlaub bekam ich Post von Ella und Eugen. In ihrem Brief fragten sie, ob ich wüsste, wie es um meinen Vater stünde.

Ich schrieb sofort heim und bat meine Eltern, mir die Wahrheit zu schreiben. Nun erfuhr ich, dass Vater schwer an seiner Herzkrankheit litt, oft Atemnot hatte und sein Allgemeinbefinden gar nicht gut war. Vaters Gesundheit hatte während seines Aufenthaltes im Zuchthaus großen Schaden genommen, und er war über das Erlebte nie hinweggekommen. Die Eltern schrieben, dass sie mich damit nicht belasten wollten, weil sie doch wussten, dass ich mich in meiner neuen Heimat wohlfühlte.

Daraufhin entschloss ich mich, im folgenden Jahr für längere Zeit nach Deutschland zu gehen, um in der Nähe der Eltern zu sein.

Jetzt war meine Zusatzausbildung beendet und ein tolles Angebot kam mir ins Haus geflattert. Mir wurde angeboten, die Privatpflege eines sehr bekannten Mannes, "the king of Bel Air" , und dessen Ehefrau zu übernehmen. Ich sagte zu, denn so eine außergewöhnliche Chance bekam man nicht alle Tage. Das Geld konnte ich auch gut gebrauchen, denn in Deutschland würde ich gewiss ein viel geringeres Gehalt bekommen.

So kam ich in die Villa der Eheleute, einem weißen Herrensitz mit dicken hohen Säulen am Haus.

Ein Park mit vielen Orchideenarten umgab das Anwesen. Ein Swimmingpool von der Größe eines Freibades wartete darauf, dass man ihn benutzte. Ich war überwältigt vom Reichtum dieser alten Herrschaften.

Die schlossähnliche Villa meiner Patientin

Sie lebten allein mit einem Dienstmädchen in der Mansion. Die Sekretärin verließ am Nachmittag das Haus. Der einzige Sohn lebte in Palm Springs. Er kam nur selten zu den Eltern. Er besaß eine bekannte Hotelkette, die seinen Vornamen trug.

Obwohl die Eheleute pflegebedürftig waren, hatten sie nichts von ihrer Eleganz eingebüßt. Die Lady hatte angenehme sanfte Gesichtszüge, ihre schlanken Hände waren sehr gepflegt, sie war eine vollendete Dame. Auf den Gesichtern sehr alter Damen der großen Welt, die alles erlebt haben, liegt zuweilen der gleiche Ausdruck.

Meine Patientin

Dank ihres Reichtums konnten sie sich zwei Nurses leisten, die sie rund um die Uhr betreuten. Mein Dienst dauerte zwölf Stunden. Er war aber angenehm, weil die beiden liebe Menschen waren und auch keine großen Ansprüche stellten. Neben der notwendigen Pflege ging es ihnen vor allem darum, nicht allein zu sein.

Am Tage fuhr ich sie viel im Park spazieren oder in das Atrium zu ihrem großen Aquarium, wo sie die Fische fütterten. Nach den Anweisungen der alten Dame schnitt ich Orchideen für einen Strauß, den ich mir meist mit nach Hause nehmen durfte.

Jeden Morgen kam das Dienstmädchen, um nach den Essenswünschen zu fragen. Auch ich durfte stets meine Wünsche äußern. So kam es vor, dass sie drei verschiedene Menüs zubereiten musste.

Wenn die Herrschaften dann ihr Mittagsschläfchen hielten, ging ich mit dem Mädchen an den Swimmingpool. Von hier aus schauten wir auf die Nachbaranwesen. Unterhalb des Parks lag das Grundstück von "Kraft Käse", auf der anderen Seite das Haus von Toni

Curtis. Auch Jerry Lewis hatten wir schon oft im Bademantel ge- sehen, wenn er morgens die Zeitung vorm Haus holte.

Auf meinem Weg zur Arbeit musste ich an der Villa von Elvis Presley vorbei fahren. Wenn er zu Hause war, standen garantiert Teenager am Tor und riefen nach ihm. Dann standen auch mehre- re Autos im Innenhof des Anwesens und Bodyguards patroullier- ten. War er nicht anwesend, lag die Villa verlassen und still da.

Zum Villenviertel von Bel Air führte der Weg durch ein schmie- deeisernes Tor mit reicher Goldverzierung. Traumhaft schöne Grundstücke konnte ich dort bewundern.

In der Garage standen zwei neue schwarze Caddillacs. Sie hat- ten ihre eigenen Autos, damit wir bei Bedarf mit ihnen eine Spa- zierfahrt unternehmen konnten.

Den Nachtdienst hatte ich gern, weil ich dann morgens zum Strand fahren konnte. Auf dem Heimweg machte ich in einem gemütlichen Coffeeshop halt und traf mich mit anderen Nurses, die ebenfalls vom Nachtdienst kamen und hier ihr Frühstück ein- nahmen. Abends aß ich meist beim Chinesen, gleich um die Ecke.

Toni und ich hatten uns getrennte eigene Wohnungen gesucht. Toni wohnte in einem Hochhaus direkt am Strand von Santa Mo- nica mit Golfplatz und anderen Sportanlagen. Ich besuchte sie. Wir tranken Kaffee und schauten aus dem zwölften Stock auf das Meer hinaus. Hier hinauf drangen kaum Geräusche von der Stra- ße. Das Kätzchen Tiger saß draußen auf dem Balkon und starrte durch die Gitterstäbe zum blauen Himmel hinauf. Plötzlich kam es erregt ins Wohnzimmer gesprungen. Ein seltsamer Ausdruck war in seinen Augen. Unruhig schaute es nach rechts und links und verkroch sich dann fauchend unter der Couch. Wir lachten über sein seltsames Gehabe.

Wenige Augenblicke später klirrten unsere Tassen, bewegten sich die Bilder an der Wand, spürten wir, wie das Hochhaus schwankte. Die Erde bebte. Tiger hatte es als erster gespürt. Ich

rannte sofort aus der Wohnung. Draußen im Flur waren schon
weitere Bewohner. Der Aufzug durfte nicht benutzt werden. Ehe
ich mich zur Treppe hin bewegte, war der Spuk auch schon vorbei. Ein äußerst unangenehme Erinnerung blieb.

Nach meinem letzten Deutschlandurlaub hatte ich mir fest vor-
genommen, auch hier täglich einen Spaziergang zu unternehmen.
Ich hatte es meinem Bruder versprochen und außerdem auch selbst
festgestellt, dass so ein Spaziergang Körper und Seele gut tut. Toni
lächelte darüber. Sie war nicht zu bewegen mitzugehen. Also ging
ich allein, meist auf der Uferpromenade von Santa Monica, wo ich
unter Palmen drei bis vier Kilometer wanderte. Wenn ich meine
bequemen Laufschuhe anzog, dachte ich an meinen Bruder. Damals sprach noch niemand von Jogging oder Walking und Toni
schüttelte nur den Kopf über meine regelmäßigen Spaziergänge.
Sie war kein bisschen sportlich, dafür eine modebewusste elegante
Frau. Gern führte sie mich durch die Modegeschäfte von Santa
Monica und Beverly Hills. Es machte mir viel Spaß. Es war doch
ein tolles Gefühl, wenn ich mit dem Auto vor einem Geschäft an-
hielt, sofort ein Parkingboy herbeieilte und mein Auto parkte. Nach
dem Einkauf wurde es einem wieder an den Eingang zurückge-
bracht. Bevor ich nach Los Angeles kam, hatte ich bevorzugt in
ländlichen Gegenden oder gar in der Wildnis gelebt. Ich war kein
Stadtmensch. Tonis Einfluss veränderte mich.

Es kam vor, dass der alte Herr während meines Dienstes Besuch bekam. Das waren meist bekannte Persönlichkeiten aus Los
Angeles. Darunter war auch ein Vertrauter und Verwandter des
ehemaligen Präsidenten Kennedy. Mein Patient offenbarte mir, dass
J.F. Kennedy während seiner Präsidentschaft mehrfach privat in
Bel Air weilte, um sich mit M.M. zu treffen. Ich hütete dieses Geheimnis, brach meine Schweigepflicht nie.

Mit den Eltern telefonierte ich oft und erhielt von ihnen regelmäßig Briefe. Vaters Zustand hatte sich nicht gebessert. In der klei-

nen Werkstatt, die er sich eingerichtet hatte, ging er seinem Hobby, der Kunstschmiederei, nach. Er brauchte immer eine Aufgabe. Schweren Herzens begann ich meinen Haushalt aufzulösen und Pakete nach Deutschland zu schicken. Ich mochte nicht an den Abschied denken, doch es musste sein. Da ich mein Auto nach Deutschland mitnehmen wollte, brachte ich es noch einmal zur Inspektion. Vor der Werkstatt wartend, beobachtete ich einen etwa zehnjährigen blonden Buben. Er kurvte mit seinem Fahrrad auf dem Gelände der Werkstatt herum und schaute dabei fortwährend zu mir. Er zog seine Kreise immer enger um mich und lachte mich dabei an. "Hi, how are you, hallo?" (Hallo, wie geht es dir?) Mit dieser Frage nahm ich Kontakt zu ihm auf. Er hatte offensichtlich darauf gewartet. Schnell kam ein Gespräch zustande. Er war ein so erfrischend aufgeschlossener und fröhlicher Junge, dass das Warten nicht langweilig wurde. "Ich heiße Jim", sagte er lächelnd. Er wartete auf seinen Vater, der ebenfalls sein Auto in dieser Werkstatt hatte. Nebenbei erzählte er von seiner Mom, die vor drei Jahren an Krebs gestorben wäre und er deswegen mit seinem Daddy alleine sei. Zum Schluss tollten wir gemeinsam über den Platz. Ich war mit dem kleinen Jim so beschäftigt, dass ich nicht merkte, dass sein Vater uns beobachtete. "Was treibt ihr denn da?" hörte ich eine lachende Stimme fragen. Ich drehte mich um und sah in ein Paar strahlende blaue Augen. Ich kam nicht dazu, etwas zu sagen, weil Jim dem Vati schnell und freudig von unserer Bekanntschaft berichtete. Der Vater begrüßte mich außerordentlich herzlich und stellte sich als Ray vor. Er war über seinen Sohn sehr erstaunt, weil der nach dem Tode der Mutter Fremden gegenüber eigentlich immer sehr zurückhaltend gewesen war.

Unsere Autos wurden zur gleichen Zeit fertig. Wir standen uns etwas unschlüssig gegenüber, bis Ray mich einlud, mit ihnen in der nahe gelegenen Cafeteria zu frühstücken. Ich zögerte, aber als ich Jims Hand in meiner fühlte, sagte ich zu. Es wurde ein langes und unterhaltsames Frühstück. Jim saß mir gegenüber und strahlte mich mit seinen großen blauen Kinderaugen an. Er war mir gar nicht mehr fremd. Als meine Blicke zu seinem Daddy schweiften, verblüffte mich die Ähnlichkeit der beiden. Er war ein sportlich eleganter Typ und angenehm unterhaltsam. Er hatte bereits erzählt, dass er beim Filmgeschäft in Hollywood arbeitete, dass er in seiner Freizeit Auto- und Bootsrennen fuhr, dass er aber jetzt kürzer treten wolle, um sich mehr um Jim kümmern zu können.

Wir sahen uns von diesem Tage an täglich. Jim malte mir Bilder, auf denen drei Figuren zu sehen waren. Er steckte mir Briefchen an die Tür meines Apartments. In einem schrieb er, dass er mich lieb hätte und ich bei ihm bleiben sollte.

Ich erzählte von meiner bevorstehenden Reise nach Deutschland. Jim war ganz bestürzt: "Wo wir doch nun wie eine Familie sind, kannst du doch nicht wegfahren." Dabei hatte ich vermieden, mit ihnen in ihr Haus zu gehen oder sie zu mir einzuladen. In wenigen Wochen würde mein Schiff von der Los Angeles Pier ablegen. Da konnte ich doch jetzt keine Bindung eingehen. Wir gingen am Strand oder im Park spazieren und aßen gemeinsam im Restaurant.

Ray war mir nicht gleichgültig. Im Gegenteil. Ich merkte, dass meine Zuneigung zu ihm von Tag zu Tag stärker wurde. Er bat mich, bei ihnen zu bleiben, nur für einen Urlaub nach Deutschland zu fahren und dann zu ihnen zurück zu kommen.

Ich wusste, dass meine Eltern sehnsüchtig auf mich warteten. Ich hatte ihnen versprochen, in ihre Nähe zu kommen. Meine Eltern konnte und wollte ich nicht enttäuschen. So nahm ich Abschied. Die traurigen Kinderaugen und die innige Umarmung der beiden konnte ich nicht vergessen. Wir sahen uns nie wieder.

Schwer fiel mir auch der Abschied von meinen Patienten. Ich gab eine angenehme Arbeit und ein sorgenfreies Leben auf. Noch einmal ging ich durch die herrliche Villa, verweilte am Swimmingpool, pflückte mir eine Orchidee zum Abschied und schloss die Tür. Wie oft hatte ich in meinem Leben schon Abschied genommen! Diesmal tat es besonders weh.

Einen Überseekoffer hatte ich bereits nach Deutschland schiffen lassen, einen zweiten verstaute ich im Auto. Die restlichen Wohnungsgegenstände hatte ich verkauft.

Mit dem vollgestopften Auto fuhr ich zum Hafen. Am Pier Nr.3 stand die "Rheingold", ein deutsches Frachtschiff. Bei seinem Anblick war ich begeistert. Riesige Kräne waren noch dabei, die Fracht zu verladen. Mein Auto stellte ich am Pier ab und wandte mich zum Schiff. Ich wurde bereits erwartet. Ein Offizier begrüßte mich an der Reling. Von hier aus konnte ich beobachten, wie mein Auto, an Seilen hängend, vom Kran in den Schiffsrumpf versenkt wurde.

Meine Kabine, ein großes helles Zimmer mit Dusche, lag am Oberdeck. Ich teilte es mit einer älteren Rheinländerin.

Das Essen nahmen wir in der Offiziersmesse ein, gemeinsam mit dem Kapitän und seinen Offizieren. Am Mittagstisch wurden die neuen Passagiere dem Kapitän, den Offizieren und den bereits an Bord befindlichen Passagieren vorgestellt. Es wurde geplaudert und gelacht.

Wir waren zwölf Passagiere, USA-Bürger und Deutsche. Ein Frachter durfte nicht mehr Passagiere aufnehmen. Für eine größere Anzahl hätte ein Arzt an Bord sein müssen.

Am Abend nahm ich das Antwortschreiben der Oberin des Brettener Krankenhauses aus meiner Tasche. Sie hatte mir darin mitgeteilt, dass ich auf der Wachstation arbeiten könnte. Wieder und immer wieder las ich die Zeilen, als ob ich damit meine Angst vor einem Neuanfang in Deutschland vertreiben könnte. Ich hoffte, dass ich mich auf der langen Schiffsreise nach und nach auf das Künftige einstellen würde.

Der Frachter sollte etwa vier Wochen bis zur Ankunft in Deutschland unterwegs sein.

An Deck bei den Passagieren hielten sich nur die Offiziere auf. Mit der übrigen Mannschaft hatten wir keinen Kontakt. Wir wurden bestens versorgt und konnten uns die Zeit nach Lust und Laune vertreiben. Man konnte Shuffleboard spielen, Gymnastik treiben, Sonnenbaden und sich im Swimmingpool erfrischen. Das war ein besonderer Genuss, denn der Swimmingpool wurde täglich mit frischem Meerwasser gefüllt.

Ich war der jüngste Passagier an Bord. Das war nicht schlecht, denn die älteren Herrschaften verwöhnten mich.

Unser Frachter fuhr zunächst an der mexikanischen Küste entlang. Dort gab es noch einige Stopps zum Be- und Entladen von Gütern. Während der Ladearbeiten konnten wir an Land gehen und uns ein bisschen umschauen.

Nachdem wir die Küsten von Guatemala, Honduras, Nicaragua und Costa Rica passiert hatten, befanden wir uns nun auf der Fahrt zum Panamakanal. Von weitem erkannten wir Panamas Küste an der berühmten Rundbogenbrücke, die Nord- und Südamerika miteinander verbindet. Die Traumstraße der Welt verläuft über diese vielbefahrene Brücke. Reger Schiffsverkehr kündigte uns an, dass wir uns dem Kanal näherten. Weiße Bananendampfer kamen uns entgegen. Unser Frachter war so breit, dass er die gesamte Schleuse füllte. Manchmal fürchtete ich, sie sei sogar zu eng für ihn. Ich stand an der Reling und beobachtete das Geschehen. An beiden Seiten der Schleuse verliefen Schienen. Das Schiff wurde an Loks verankert, die nun das Schiff in die Schleuse zogen. Alle Passagiere waren an Deck, schauten zu und fotografierten. Dass der Kanal von Süd nach Nord verläuft, wusste ich bis dahin nicht. Die Kanaldurchfahrt ging sehr langsam. Heiß und schwül war das Klima. Das Atmen fiel schwer. Die Offiziere ermahnten uns, reichlich zu trinken.

Mit einem Mal verfärbte sich der blaue Himmel. Er nahm zunächst eine gelbliche Färbung an, und kurz darauf waren dicke Regenwolken über uns. Als wenn sich Schleusen öffnen würden, goss es etwa fünfzehn Minuten lang. Das erfrischte. Es regnete immer einmal am Tag.

An manchen Stellen war der Kanal so schmal, dass man vom Schiff aus in den Urwald blicken konnte und Vogelstimmen und andere Tierlaute zu hören waren. Streckenweise war der Kanal eine betonierte Wasserstraße, aber es gab auch Abschnitte, wo wir durch eine romantische Inselwelt fuhren. Beim Anblick der weißen Sandstrände und der Palmen verspürte ich Lust, auszusteigen und dort wie Robinson zu leben. Auf solche Ideen kam man, wenn man dem Paradies so nahe war. Nur vereinzelt sah man Menschen, meist in schmalen Booten beim Fischen.

Der Kanal hat eine Länge von über siebzig Kilometern vom Eingang in die Caribic bis zu den tiefen Wassern des Pacific.

Nach achtstündiger Kanalpassage erreichten wir das Karibische Meer. Ich freute mich schon auf die Nächte der tausend Sternschnuppen. Der Aufenthalt nachts auf Deck war wirklich ein Erlebnis. Bequem im Liegestuhl ruhend schaute ich in den Sternenhimmel, der mir unendlich groß erschien. Oder ich schaute den Leuchtfischen zu. Immer aufs Neue konnte ich mich an den Sonnenuntergängen erfreuen. Mal verabschiedete sie sich als glühender Feuerball am Horizont, manchmal lugte sie nur hinter Wolken hervor und beleuchtete den Himmel gespenstisch. Am Tage sah ich oft Delphine in der Nähe des Schiffes, als freuten sie sich, uns zu begegnen.

Um Abwechslung in die Abende zu bringen, vereinbarten wir, dass jeder Passagier sich für die Gestaltung eines Abends verantwortlich fühlte. Von verschiedenen Gesellschaftsspielen bis hin zu einem Kostümball reichte die Palette. Langweilig war es uns nie. Die Tage, ja Wochen vergingen. Wir steuerten als nächstes Ziel die Insel Curacao an. In Willemstad, der Hauptstadt, konnten wir an Land gehen. Curacao gehörte zu den Niederländischen Antillen und Willemstad war eine typisch holländische Kleinstadt mit schmucken bunten Häusern und duty-free Geschäften. Die einheimische schwarze Bevölkerung war farbenfroh gekleidet und wirkte auf mich unbeschwert und fröhlich. Erst nach mehreren Stunden ertönte die Schiffssirene und mahnte zur Rückkehr an Bord.

Die Fahrt ging nun durch die Kleinen Antillen. Im Meer sah ich Fische schwimmen, deren Namen ich nicht kannte. Einmal trieb sogar ein toter Wal auf dem Wasser. Fliegende Fische sprangen so hoch, dass ich dachte, sie kämen an Deck.

Nun stand uns noch die lange Reise über den Antlantik bevor. Ab und an sah man in der Ferne mal ein Schiff, aber sonst gab es außer Wasser nichts zu sehen. Die See wurde rauher, die Temperaturen kühlten sich merklich ab.

Unser erster Stopp in Europa war Antwerpen. Der Aufenthalt reichte für eine Stadtbesichtigung. Als wir in Amsterdam anlegten, erwartete mich Toni am Pier. Sie machte gerade Urlaub in der Heimat. Bei einem gemütlichen Kaffestündchen tauschten wir unsere Reiseerlebnisse aus. Anschließend unternahm sie mit mir eine Grachtenfahrt und zeigte mir ihr Amsterdam. Ein Varietébesuch beschloss den Tag. Sehr müde kehrte ich nach Mitternacht an Bord zurück. In den frühen Morgenstunden legte der Frachter ab.

Wenn ich das Entladen unseres Frachters mal eine Weile beobachtete, staunte ich, was er alles befördert hatte, unter anderem Holzstämme, die er in Oregon in den USA geladen hatte, aber auch ein kompletter Zementmischlaster wurde aus seinem Rumpf gehievt.

Auf der "Rheingold" machte sich Aufbruchstimmung bemerkbar. In den Wochen der Überfahrt hatten sich die Passagiere recht gut kennengelernt, Freundschaften waren geschlossen worden. Ich hatte mich besonders mit einem älteren Ehepaar aus dem Staate Washington angefreundet. Sie hatten drei Söhne. Ihr Wunsch nach einer Tochter hatte sich nicht erfüllt. Sie meinten, ich könnte für sie wie eine Tochter sein, und ich musste ihnen versprechen, sie unbedingt einmal zu besuchen. Sie besaßen eine Farm, waren aber sehr bescheidene, liebe und gütige Menschen.

Bei der Ankunft in Bremerhaven wechselten die Offiziere ihre schneeweißen Uniformen gegen dunkelblaue Marineuniformen und standen in Reih und Glied auf der Brücke.

Von der Reling aus schaute ich zu, wie der Anker geworfen und angedockt wurde. Beim Abschiednehmen waren wir alle ein bisschen traurig, weil wir eine angenehme Reisegesellschaft gewesen waren und uns gut verstanden hatten. Ich ging als Letzte von Bord, weil ich warten musste, bis mein Auto ausgeladen wurde. Als es der Kran aus dem Schiffsrumpf hob, sah ich schon, wie verstaubt es war. Mein erster Weg führte mich in eine Autowaschanlage.

Ich war heimgekehrt.

Meinen Eltern hatte ich meine Ankunft von unterwegs angekündigt. Als ich nun in ihre Straße einbog, standen sie bereits vor der Haustür und winkend mir freudig zu. Selbst Ella, die Nachbarin, war zum Empfang gekommen.

Nach einem Kurzurlaub begann ich meine Arbeit auf der Wachstation des Brettener Krankenhauses. Meine Kolleginnen waren meist ältere Verbandsschwestern. Sie waren zu mir freundlich und hilfsbereit. Aber bei meinen Schwierigkeiten mit dem hiesigen Dialekt konnten sie mir nicht helfen. Im Gegenteil, einige der älteren Schwestern konnten überhaupt kein Schriftdeutsch sprechen und hatten auch kein Verständnis dafür, dass ich sie nicht verstand. Manchmal wurden sie ungehalten, wenn ich zweimal fragte, weil sie glaubten, ich nähme sie auf den Arm. Als später weitere Schwestern aus anderen Landesteilen bei uns die Arbeit aufnahmen, hatten sie mit den gleichen Schwierigkeiten zu kämpfen.

Enttäuscht war ich, dass es in der Pflege und im Pflegedienst seit meiner Schülerinnenzeit keine Entwicklung gegeben hatte. Die Patienten wurden schon in der Nacht gewaschen, weil das Aufgabe der Nachtschwester war und nur eine Schwester Dienst hatte. Viele Reinigungsarbeiten wurden am Tage von examinierten Krankenschwestern erledigt. Dadurch hatten sie weniger Zeit für die Patienten. Ich war sicher, dass Florence Nightingale schon so gearbeitet hatte.

Völlig ungewohnt und deshalb unbegreiflich war mir die Ehrfurcht, die einem Chefarzt oder einem Oberarzt seitens der Schwestern engegengebracht wurde.

In Kanada und den USA waren Ärzte und Schwestern gleichgestellt, ergänzten sich zu einem Team. Jeder trug für seinen Bereich Verantwortung.

Schwestern waren doch keine Dienstboten der Ärzte, auch keine Untergebenen. Wir waren schließlich alle Angestellte eines Hauses. Der alte Zopf war noch da, wuchs weiter. Es fiel mir schwer, die Anreden Chef- oder Oberarzt zu gebrauchen. Ich vergaß es immer wieder und wurde dafür gerügt.

Im Bel Air Hospital von Los Angeles hatte ich die ganze Zeit mit einem Krebsforscher zusammen gearbeitet und seine Patienten gepflegt. Anfangs hatte ich gar nicht gewusst, dass er ein hoch dekorierter Professor war. Er war für alle der Doc gewesen. Hier wäre das unvorstellbar.

Ich sehnte mich oft zurück nach meiner zweiten Heimat, hatte Heimweh nach den USA. Bei Reisen mit meinem schönen Auto suchte ich Ablenkung. Es war ein weinrotes Karmann Ghia Cabrio, hatte weiße Lederpolsterung und Weißwandreifen und war mit Automatic ausgestattet. Einen unserer Ärzte veranlasste das zu der Äußerung: "Wo kommen wir hin, wenn jetzt schon die Krankenschwestern ein Cabrio fahren!" Er besaß aber selbst eins. Solche Auffassungen trugen nicht dazu bei, dass ich mich im Deutschland von 1969 wohlfühlen konnte.

Was mein Herz wärmte, waren meine täglichen Besuche bei den Eltern. Auch wenn ich nur wenig Zeit hatte, guckte ich bei ihnen vorbei. Meist kam mir Vater schon entgegen: "Na, Schnörzelchen, ich warte schon auf dich."

Wenn es nur ein Wörterbuch für den hiesigen Dialekt gegeben hätte! Die Patienten brachten mich oft ins Schwitzen. Sie verlangten ein "Häääfele" und wollten doch einen Schieber. Es war mühsam, die Bedeutung so vieler unbekannter Worte zu erschließen. Wenn die Leute ihren Dialekt sprachen, klang es liebenswert, aber für mich blieb er lange Zeit schwer verständlich.

Bald merkte ich, wie das Fernweh in mir immer stärker wurde. Meine Gefühle waren gespalten, und das machte mich unglücklich. Da entdeckte ich in einer Fachzeitschrift eine Stellenanzeige. Ein Spital in Thun in der Schweiz suchte eine Krankenschwester mit Intensivausbildung. Die Anzeige wertete ich als Zeichen für mich und bewarb mich. Ich erhielt schon bald einen Vorstellungstermin. Nun musste ich meinen Eltern mein Vorhaben erläutern. Das war aber leichter, als ich gedacht hatte, denn sie hatten längst geahnt, was in mir vorging, und hatten für meine Entscheidung volles Verständnis.

Ich hatte ihnen gegenüber kein schlechtes Gewissen, weil es ihnen zur Zeit gesundheitlich besser ging. Und Thun war ja auch nicht so weit weg wie Amerika.

Das Vorstellungsgespräch im Thuner Spital verlief positiv. Von der kleinen Stadt mit dem herrlichen See war ich gleich begeistert. Mit der Zusicherung, dass ich bald meine Arbeit hier aufnehmen könnte, fuhr ich noch am gleichen Tage nach Bretten zurück.

Als ich abends am Krankenhaus ankam, riefen mich drei Schwestern an ihren Tisch im gegenüberliegenden Café "Wahl". Sie "schlotzten" ein Eis. Ich erzählte ihnen vom Grund meiner Reise in die Schweiz und von meinem Drang nach neuen Taten. Ich sprach über meine Vorfreude auf das Spital, auf den Neuanfang und über das Angebot, eine kleine Wohnung zu bekommen. Das winzige Zimmer hier im Krankenhaus erdrückte mich förmlich.

Eine der Schwestern war die leitende OP. Schwester. Bisher hatte ich noch keinen persönlichen Kontakt zu ihr gehabt. Im Laufe des Gespräches sagte ich ihr so nebenbei, dass ich eigentlich gern eine OP. Ausbildung gemacht hätte, aber meine Angst davor zu groß gewesen sei.

Sie schaute mich lächelnd an: "Das ist doch kein Problem. Ich kann es Ihnen beibringen." "Ist das ernst gemeint?" fragte ich zurück. Sie versprach mir, sich persönlich um meine Ausbildung zu kümmern. Sie erzählte mir ausführlich von ihrer Arbeit und meinte, dass ich ohne Weiteres die Ausbildung hier im OP beginnen könnte. Ich war so begeistert, dass ich gar nicht aufhören konnte, ihr Fragen zu stellen. Die beiden anderen Schwestern lachten: "Jetzt haben wir einen Fisch an der Angel."

Gleich am nächsten Morgen ging ich zur Oberin und zum Chefarzt der Chirurgie und trug meinen Wunsch vor. Sie willigten ein und räumten mir die Möglichkeit ein, sehr bald die OP. Ausbildung zu beginnen.

Jetzt war ich entschlossen zu bleiben und sagte unverzüglich in Thun ab. Im Schwesternwohnheim bekam ich eine kleine Zweizimmerwohnung. Ich richtete mich ein und begann mich auf meine neue Aufgabe vorzubereiten. Mir war von Anfang an klar, dass es eine Herausforderung war, aber ich wollte es packen und am Ende über eine weitere Ausbildung verfügen.

Im Sommer 1969 begann ich mit der Arbeit im OP. Anfangs fiel es mir schwer, den ganzen Tag über mit Mundschutz zu arbeiten. Die leitende OP. Schwester Anita, eine schlanke, gütige Person, hielt ihr Versprechen und führte mich in die OP.- und Instrumentenlehre ein. Sie verfügte über ein enormes Wissen und konnte hervorragend erläutern. Das Einmaleins des Instrumentierens beherrschte sie wie keine andere und sah sofort, wenn jemand einen Fehler machte. Bei den Ärzten und Mitarbeitern genoss sie hohe Wertschätzung.

Wir kamen uns auch privat näher und entdeckten gemeinsame Interessen. Da sie viele Jahre in Brasilien gelebt hatte, brachte sie Verständnis für mein Heimweh nach den USA auf. Durch sie bekam ich nach all den Jahren wieder Lust zum Ski fahren. Jedes Jahr fuhren wir zwei Wochen in die österreichischen Alpen. Im Sommer wanderten wir im Schwarzwald. So entwickelte sich zwischen uns eine feste Freundschaft. Nur im Dienst spielte das keine Rolle.

Die Arbeit im OP. war hoch interessant, aber ungemein anstrengend. Viele Bereitschaftsdienste führten dazu, dass wir oft Tag und Nacht arbeiten mussten. Am freien Wochenende schlief ich viel, um mich regenerieren zu können.

Ich verbrachte den größten Teil meiner Zeit im Krankenhaus.

Der Dienstplan wollte es so, aber mir gefiel es jetzt auch. Unser Chefarzt war ein strenger Mann, hatte eine eiserne Disziplin eingeführt, konnte aber auch sehr liebenswert sein. Zu den jüngeren Ärzten hatte sich ein angenehmes Verhältnis entwickelt. Die tragenden Stützen im Team waren die Pfleger. Wir instrumentierenden Schwestern konnten uns auf sie verlassen, sie sprangen herbei, wenn Hilfe gebraucht wurde.

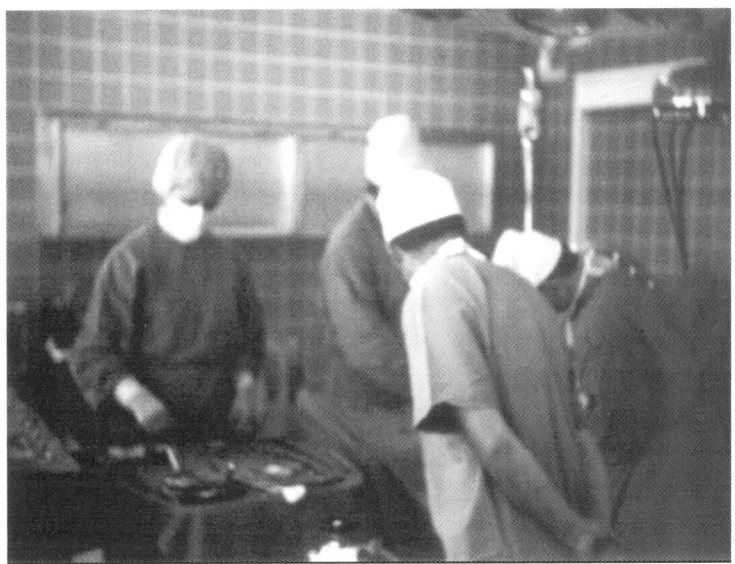

Kreiskrankenhaus Bretten - im OP

Meine Eltern pflegten gute Beziehungen zu ihrer Nachbarschaft. Mein Vater war freundschaftlich mit einem jungen Mann bekannt, den er sehr schätzte. Wenn dieser geschäftlich unterwegs war, erledigte Vater kleine Botengänge für ihn. Gesehen hatte ich ihn auch schon, aber ich fand ihn irgendwie unnahbar. Ich hatte noch kein Wort mit ihm gewechselt.

Als ich an einem Sommerabend zu meinen Eltern ging, sah ich ihn vorm Haus sein Auto putzen. Er sah mich kommen, hielt inne, kam auf mich zu und begrüßte mich: "Ich bin Karl-Horst, ihr Vater hilft mir des öfteren." Ich fühlte, dass ich errötete wie ein Teenager. Ein Gespräch begann. Belanglose Worte wurden gewechselt, dazwischen lachten und scherzten wir. Er hielt noch immer den nassen Schwamm in der Hand. Doch letztendlich lud er mich zu einem Kinobesuch ein. Ich nahm an. Nach dem Kino: "Ich würde Sie gern zu einem Glas Wein einladen. Lieben sie Wein?" Ich musste ihm eingestehen, das ich keine Weinkennerin war, aber es gern werden würde. Er führte mich in ein romantisches Weinlokal im Kraichgau.

War es der Wein, die wunderschöne klare Sommernacht oder die Art, wie er das Gespräch führte? Ich stellte fest, dass er charmant, aufmerksam und sehr unterhaltsam war. Konnte es sein, dass ich mich gar verliebt hatte? Ja. Es war der Anfang unserer gemeinsamen Zukunft.

Von nun an trafen wir uns, so oft es unsere Zeit erlaubte, zu einem Spaziergang in der Umgebung. Karl-Horst wollte mir natürlich die Gegend seiner Kindheit, den Schwarzwald, zeigen. Wir verabredeten uns für einen Samstag und unternahmen bei idealem Wetter eine Ausfahrt in den Schwarzwald, ins verträumte Schuttertal.

Ich kannte die Gegend nicht. Die gemütlichen alten Gastwirtschaften mit ihren knarrenden Dielen und den dunklen holzgetäfelten Wänden gefielen mir ebenso wie die verstreut liegenden Schwarzwälder Bauerngehöfte mit den heruntergezogenen strohgedeckten Dächern. Auf sattgrünen Weiden lagen wiederkauend die Kühe. Bauern fuhren duftendes Gras ein.

Am Waldrand, im Schatten eines alten Baumes, machten wir Rast. Von hier aus bot sich ein herrlich weiter Blick auf die dunkelgrünen Schwarzwaldhöhen. Charles, so nannte ich ihn jetzt, spürte, dass mir seine Heimat gefiel. Sein Gesicht hatte etwas Leuchtendes, es strahlte Ruhe und Sicherheit aus.

Hungrig kehrten wir in einem Berggasthof ein und ließen uns ein zünftiges Schwarzwaldgericht munden. Ein unvergessener schöner Tag ging zu Ende.

Zu den Freunden aus dem Harz, die immer, auch unter großer Gefahr, zu mir und auch meiner Familie gehalten hatten, stand ich weiterhin in Verbindung. Ich empfand es als großes Glück, solche Menschen als Freunde zu haben. Begegnungen waren uns unter den gegebenen Bedingungen leider nicht vergönnt. Eines Tages berichteten sie mir hocherfreut, dass sie einen Urlaubsplatz in Varna am Schwarzen Meer erhalten hatten. Da drängte sich der Wunsch auf, dass wir diesen Urlaub gemeinsam verbringen könnten. Als US-Bürger hatte ich keine Probleme, nach Bulgarien zu reisen. Schwierig war nur, im gleichen Hotel ein Zimmer zu bekommen, weil in dem Hotel ausschließlich Gäste aus der DDR untergebracht waren. Ich aber kam in ihrer Denkweise aus dem kapitalistischen Ausland. Mit etwas Glück erhielt ich dann trotzdem ein Zimmer in dem Hotel.

So fuhr ich im Juli 1970 ans Schwarze Meer, über Salzburg und Lubljana immer Richtung Osten. Aus Amerika war ich gewöhnt, dass man an solchen Fernstraßen stets ein Motel zum Übernachten fand. Weit gefehlt! Es war schon dunkel geworden, ohne dass ich ein Motel gesichtet hatte. Die Müdigkeit übermannte mich fast. Endlich bemerkte ich eine Neonreklame "Hotel". Das Haus, in einem winzigen Ort gelegen, sah schon von außen nicht sonderlich einladend aus. Als ich die dunkle rußverschmutzte Eingangshalle betrat, wäre ich gern wieder umgekehrt, aber dafür war ich zu müde. Ich mietete bei dem kugelrunden Wirt ein Zimmer. Er lächelte freundlich. Da sah ich, dass er kaum noch einen Zahn im Munde hatte. Ich schaute ganz verdutzt auf den Schlüssel, den er mir reichte, denn dieser war so groß, dass man damit ein Kirchenportal hätte öffnen können. Das Zimmer war äußerst spartanisch eingerichtet. Um ins Bett zu kommen, brauchte ich fast eine Leiter. Ich kuschelte mich unter die meterdicke Federdecke und schlief bald ein. Leider verbrachte im Nebenzimmer ein junges Paar seine Hochzeitsnacht, so dass meine Nachtruhe nicht ungestört blieb.

Ohne Frühstück musste ich am nächsten Morgen aufbrechen. In Zagreb legte ich eine Pause ein und fuhr dann weiter bis Belgrad. Die Straßen ließen zu wünschen übrig. Ich konnte nicht schnell fahren. Ich machte das Beste daraus und genoss die abwechslungsreiche Landschaft im offenen Cabrio. Dann kam die Skyline von Belgrad in Sicht. Die Straßen waren gut ausgeschildert, so dass ich ohne Probleme die Durchfahrt in Richtung Sofia fand. An der bulgarischen Grenze übernachtete ich das zweite Mal. Für Westmark war ein Zimmer zu haben. Doch Frühstück gab es am nächsten Morgen auch wieder nicht. Meine gute Laune verflog erst, als ich auch unterwegs stundenlang kein Restaurant ausmachen konnte.

Trotzdem nahm ich viele Eindrücke auf. Die Gegend wirkte ärmlich, aber die Menschen winkten mir freundlich zu. Bis Sofia war die Autobahn gut ausgeschildert, aber danach entdeckte ich kein Verkehrsschild mehr. Jedenfalls landete ich einmal auf einer Müllhalde. Nach einigem Manövrieren fand ich den richtigen Weg und setzte meine Fahrt fort. Die Straßen wurden immer schlechter, aber es war zum Glück auch wenig Verkehr.

Am Nachmittag des dritten Tages erreichte ich Varna. Flora

und Fauna der Küstenlandschaft am Schwarzen Meer beeindruckten mich sehr und entschädigten mich für die Strapazen der Anreise. Mit meinen Freunden konnte ich zwei wunderschöne Urlaubswochen verleben. Wir stapften durch den weißen Sand. Es war ein Vergnügen, in dem klaren Wasser zu baden. Ein gepflegter Strand mit schilfgedeckten Sonnenschirmen lud zum Entspannen ein. Mir bereitete das Wasserski fahren draußen auf dem Meer besonderes Vergnügen. Auf unseren Fahrten ins Landesinnere fiel mir die herzliche Gastfreundschaft der Bevölkerung angenehm auf. Viel zu schnell vergingen die Tage.

Wieder im Krankenhaus, musste ich feststellen, dass sich die Personalsituation weiter verschlechtert hatte. So viele Bereitschaftsdienste zermürbten und hinterließen ihre Spuren. Mein Freund Charles versuchte mich durch Wanderungen und Autotouren abzulenken und mir Gelegenheit zur Erholung zu geben. Er war ein rechter Naturbursche. Er brachte viel Verständnis für meine Arbeit auf und akzeptierte auch, wenn ich mal wegen eines Notfalles eine Verabredung nicht wahrnehmen konnte.

Am 4. August 1971 wurde ich nachts durch das Klingeln des Telefons aus dem Schlaf gerissen. Es war eine Nachbarin meiner Eltern. "Schwester, kommen sie schnell zu ihrem Vater!" Ihre Stimme klang sehr aufgeregt. Ich ahnte Schlimmes. Als ich eintraf, kamen mir Mutter und Bruder weinend entgegen. Der Hausarzt war bereits da. Vater war an Herzversagen gestorben.

Tiefe Trauer erfüllte uns. Vater hatte seine geliebte Heimat nicht noch einmal wiedersehen können. Wir trösteten uns, dass er sich hier, in seiner neuen Heimat, wohlgefühlt hatte und Freunde gewonnen hatte, die nun mit uns um ihn trauerten.

In diesen schweren Tagen war mir Charles ein guter Freund. An seiner Schulter fand ich Halt und Geborgenheit. Seine Familie hatte ich noch nicht kennengelernt. Nun sollte ich ihr vorgestellt werden. Mir war gar nicht wohl bei dem Gedanken. Wie würde ich bestehen vor seinen fünf Schwestern und dem Bruder nebst ihren Partnern? Der Mutter wegen war ich nicht aufgeregt. Ich wusste, dass sie Karl-Horst abgöttisch liebte und selbst ein liebenswerter Mensch war. Die zierliche kleine Frau sah mich prüfend durch ihre Brille an. Ich fand sie sofort sympathisch, und das war sogar gegenseitig. Das Kennenlernen in der Großfamilie verlief zu meiner Überraschung ganz ungezwungen und harmonisch. Wir entdeckten in den Gesprächen viele Gemeinsamkeiten. Drei Schwestern waren wie ich im Krankenhaus tätig. Ich war in die Familie aufgenommen.

Die Hochzeit fand am 23. März 1972 statt. An der Seite meines Mannes fühlte ich mich beschützt und geborgen. Natürlich dachten wir an eine Hochzeitsreise, aber zu diesem Zeitpunkt war ich im OP. unabkömmlich. Ab und an sagte Charles: „Wally, ich glaube, du bist an erster Stelle mit dem OP. verheiratet." Er brachte viel Geduld auf. Das war bestimmt nicht immer leicht für ihn.

Doch aufgeschoben war nicht aufgehoben. Endlich brachen wir zu unserer Hochzeitsreise auf. Wir folgten der Einladung des Farmerehepaares, mit dem ich seit der Überfahrt auf der "Rheingold" befreundet war.

In Spokane, an der Westküste der USA angekommen, wurden wir von meinen Freunden Ellen und Elmar am Flughafen abgeholt. Nach zweistündiger Fahrt erreichten wir die Farm. Ehe wir zum Haus kamen, fuhren wir an riesigen Getreidefeldern vorbei, die alle zum Besitz unserer Freunde gehörten. Beim Anblick dieser Getreidefelder wurde ich an Kanada erinnert. Hier allerdings war die Landschaft im Unterschied zur kanadischen Ebene hügelig und hatte kaum Baumbestand.

Elmer berichtete uns, wie er als Kind mit seinen Eltern und Großeltern hier ankam und wie sie dies Farmland erschlossen hatten. Der Großvater hatte aus dem Osten der USA Baumpflanzen mitgebracht. Er pflanzte sie dorthin, wo das Farmhaus entstehen sollte, damit sie dem Haus bald Schutz bieten konnten. Im Laufe der Jahrzehnte war ein herrlicher Baumbestand herangewachsen, der von Mensch und Tier als Schattenspender und Schutz geschätzt wurde.

Wenn Elmer erzählte, spürte man, wie er die Farm liebte. Seine Augen leuchteten stolz, wenn er die vollen Ähren zart durch die Hand gleiten ließ. Ich fand, er war noch schmächtiger und grauhaariger geworden seit unserer Begegnung auf dem Dampfer. Die Farm wurde mit riesigen, sehr modernen, sogar klimatisierten Traktoren und Landmaschinen bewirtschaftet.

Gern erzählte Elmer aus seinen Kinderjahren. Da hatte die Familie abends beim Schein der Petroleumlampe am Tisch gesessen, als neugierige Indianer durchs Fenster schauten. Sie waren in friedlicher Absicht gekommen und Elmer hatte sich später mit einem gleichaltrigen Indianerjungen angefreundet.

Ellen war weniger gut auf die "Indians" zu sprechen. Uns war sie jedoch eine herzliche Gastgeberin.

Charles und ich versuchten, zum Erstaunen unserer Gastgeber, viel spazieren zu gehen. Wir brauchten Bewegung. Aber es war gar nicht leicht. Wanderwege gab es nicht, und sobald wir eine Weile auf der Straße liefen, wollte uns jedes vorbeifahrende Auto mitnehmen. Bis es sich herumgesprochen hatte, dass zwei "crazy Germans" (verrückte Deutsche) lieber auf der Straße liefen als zu fahren.

Unsere Freunde fuhren oft mit uns durch die nähere und weitere Umgebung und zeigten uns die Sehenswürdigkeiten ihres Staates und des benachbarten Idaho.

An den Abenden trafen wir uns im Poolzimmer der Farm und spielten ein paar Runden.

Während dieses Urlaubes merkte ich, dass ich schwanger war. Wir freuten uns sehr darüber. Da es mir gut ging, konnten wir unsere Reise, wie geplant, nach Kanada fortsetzen. Vor unserer Hochzeitsreise konnte Charles meine Begeisterung für Nordamerika und seine Menschen nicht teilen. Nun war er von dem Land und der uns entgegengebrachten Gastfreundschaft stark beeindruckt und wusste, dass dies nicht der letzte Aufenthalt in Amerika sein würde.

Wir flogen nach Vancouver. Ich wollte Charles mit meinen Freunden Agnes und Paul bekannt machen, die noch immer in Bralorne lebten. Paul war gerade erst von einem sechsmonatigen Krankenhausaufenthalt genesen. Ein Bär hatte ihn angegriffen und schwer verletzt gehabt. Nur seiner sportlichen Kondition war es zu danken, dass er mit dem Leben davon kam. Jetzt hatte ich Gelegenheit, Charles die wilde Gegend meiner ersten beruflichen Tätigkeit zu zeigen. Manchmal schüttelte er nur den Kopf. So auch beim Überqueren eines Wildbaches. Die "Brücke" bestand aus zwei Baumstämmen, über die man Bohlen gelegt hatte. Schweißperlen traten ihm auf die Stirn, als wir mit dem Auto hinüberfuhren.

Nach Hause zurückgekehrt, freute ich mich auf meine Arbeit.

Ich liebte die Krankenhausatmosphäre. Und war die Arbeit auch oft sehr anstrengend, sie war doch überaus befriedigend. Schnell hatte uns der Alltag eingeholt.

Plötzlich, ohne jede Vorankündigung, bekam ich starke Schmerzen, kollabierte im OP. und verlor mein Baby.

Darüber war ich sehr unglücklich. Wir hatten uns so auf das Baby gefreut. und in meinem Alter blieb nicht mehr viel Zeit dafür. Charles war zwar auch traurig, aber sah die Situation gelassener.

Meine Lust auf Reisen und meine Unrast waren verflogen. Ich wünschte mir nur noch eine eigene Familie.

Die Zeit verging. Wir begannen schon, unsere Zukunft nur zu zweit zu planen. Aber das Glück war uns hold. Am 13.Juli 1974 wurde uns ein gesunder Sohn geboren, kurz nach meinem siebenunddreißigsten Geburtstag.

Zu dieser Zeit gab es nur sechs Wochen Mutterschutz. Ich ließ mich drei Jahre vom Krankenhaus beurlauben, um mich ganz unserem Kinde widmen zu können. Ich bemühte mich sehr, keine "alte" Mutter zu sein.

Fester Bestandteil des Tagesablaufs war der Spaziergang mit dem Kinderwagen zur Oma. Sie wohnte zwei Kilometer von uns entfernt. Kein Wind oder Regen konnte mich abhalten, nicht einmal der Schnee im Winter. Oma war glücklich über den kleinen Erdenbürger, wenn ihr auch ein kleines Mädchen lieber gewesen wäre. Mein Bruder hatte nämlich schon zwei Buben.

Wir tauften unseren Sohn Karl-Uwe. Er entwickelte sich gut, war ein gesundes und ausgeglichenes Kind, das mit offenen Augen in die Welt blickte.

Mit Freuden nutzte ich die Zeit, um wieder regelmäßig schwimmen zu gehen. Den Kleinen nahm ich mit und gewöhnte ihn an das nasse Element. Mit neun Monaten schwamm er hinter mir. Er war ausgerüstet mit Schwimmflügeln und Badekappe und quietschte laut vor Vergnügen.

Als begeisterte Wintersportler nahmen Charles und ich unseren Jungen als Vierjährigen mit zum Ski fahren. Wie immer, war auch Oma dabei. Sie brachte Karl-Uwe das Schlitten fahren bei. Mit Begeisterung stapften sie den Hang hinauf, den Schlitten hinter sich herziehend, Karl-Uwe mit rot glühenden Wangen und strahlendem Gesicht, nie müde werdend.Sie warteten, bis die Bahn frei war und sausten den Berg hinunter. Gekonnt steuerte die Oma den Schlitten bis ins Tal. Abends fielen sie erschöpft ins Bett.

Mit dem gleichaltrigen Sohn des Skilehrers übte er das Ski fahren. Die Leute blieben an der Piste stehen und schauten staunend den beiden Knirpsen hinterher, wenn sie breitbeinig auf ihren Brettern, den Kopf eingezogen, die kleinen Stöcke unter die Ärmchen geklemmt, den Berg hinabsausten. Der kleine Sepp hatte noch das Windelpaket in der Hose. Karl-Uwe wurde ein ausgezeichneter Skifahrer, dem ich bald nur noch hinterherfahren konnte.

In Pfelders im Passeier Tal fuhr Karl-Uwe besonders gern Ski.

Ende Mai 1980 starteten wir zu dritt in den Urlaub nach Kanada. Die Alaska Highway war unser Ziel. Von Vancouver aus fuhren wir mit einem Mietauto gen Norden. Die Einsamkeit in dieser Gegend hatte uns bald in ihren Bann gezogen. Die frühe Morgenluft war von eindringlicher Frische. Auf ungeteerten Straßen fuhren wir über Dawson Creek bis zum Muncho Lake Park. Nur sehr wenige Autos begegneten uns. Öfter standen Steinböcke und Rehe auf der Straße und hatten es nicht eilig, den Weg frei zu machen. Inmitten dieser Natur lasen wir am Straßenrand ein

Hinweisschild auf Toiletten. Charles meinte: "Das kann doch wohl nicht wahr sein! Weit und breit kein Haus, keine Tankstelle, aber eine Toilette. Das muss ich mir angucken!" Tatsächlich kamen wir, dem Hinweisschild folgend an einen kleinen Parkplatz. Leere Mülleimer standen dort und zwei "Herzhäuschen". Skeptisch näherte ich mich der Toilette. Ich öffnete die Tür und sah ein weißgetünchtes sauberes Klo, ohne unangenehmen Geruch. Selbst reichlich seidenweiches Toilettenpapier war vorhanden. Auf einem Schild wurden die Benutzer gebeten, die Tür immer fest zu verschließen, weil die Eichhörnchen sonst eindringen und das Papier zerfressen. Und die Tür war auch fest verschlossen.

Wir übernachteten, wo wir ein einladendes Motel fanden. Da offensichtlich nur wenige Touristen unterwegs waren, waren wir immer willkommen. Abends saßen wir draußen und lauschten der Natur. Der Mond stand am Himmel und zeigte zuweilen sein fahles Gesicht hoch oben durch ungezählte Schleier dünner Wolken. Wenige Kilometer vor dem Muncho Lake lasen wir eine Reklame für ofenfrisches Brot. Da lief uns gleich das Wasser im Munde zusammen. Am Park angekommen, gingen wir dem verlockenden Gerüche nach. Tatsächlich, hier gab es frisch gebackenes Brot, wie wir es von daheim gewöhnt waren. Wie war das möglich? Der Bäcker, Junggeselle, hatte nach bestandener Prüfung hier auf dem Alaska Highway einen Ferienjob angenommen. Glück für uns.

Direkt am See mieteten wir eine gemütliche kleine Blockhütte mit allem Komfort. Karl-Uwe wäre am liebsten gleich in das klare Wasser des Sees gesprungen. So tollte er erst einmal am Ufer und beobachtete die Fische, die hier in großer Zahl vorkamen. Sehr beeindruckt war er, als wir über uns im hellen Blau des Himmels einen Adler kreisen sahen. Kurze Zeit später war der Abendhimmel wie eine lodernde Glut. So etwas konnte man nur hier erleben, dieses intensive Wetterleuchten. Wir setzten unsere Fahrt fort, hinter uns eine undurchsichtige Staubwolke lassend, die Stunde um Stunde und Tag für Tag unserem Auto folgte. Wir hielten an, wenn sich uns eine herrlich Fernsicht auftat oder wenn wir Schönes und Seltsames am Wege sahen. Aber nicht nur was man sieht, sondern was man tut, ist das Beglückende.

Wieder standen wir an einem See. Es war wohl der helle durchscheinende Grund, der dem See eine azurne Bläue verlieh. Karl-Uwe war nicht mehr zu halten. Er sprang in das eiskalte Wasser. Sein kleiner Körper bekam sofort Gänsehaut, aber das schreckte ihn nicht ab. Immer wieder stürzte er sich in das klare Wasser und jagte den Fischen nach.

In Whitehorse, einer alten Goldgräbersiedlung, legten wir eine Pause ein, um die Umgebung intensiver zu erkunden. Die alten bunten Holzhäuser und die verwitterten Blockhütten kündeten von der einstmals lebhaften Vergangenheit des Ortes. Interessant war eine Schifffahrt auf dem Yukon River zu einer Insel, wo am Lagerfeuer gegrillt und zum Banjospiel gesungen wurde. Karl-Uwe fühlte sich bei all unseren Unternehmungen wohl. Er hatte keine Schwierigkeiten, sich zu aklimatisieren und Kontakte zu den Bewohnern zu knüpfen. Sobald ihn jemand ansprach, lachte er und plapperte drauf los.

Das Einzige, was er hasste und was ihn wütend machte, waren die Moskitos.

In Fargo im Yukon besuchten wir für einige Tage Bekannte. Die Umgebung des Ortes, wo sich eine Molybdänmine befand, war karg und öde. Vor Jahren hatte ein Buschfeuer gewütet und die Vegetation wuchs hier im hohen Norden nur langsam nach, weil die Sommer so kurz sind.

Unser Sohn spielte mit einheimischen und indianischen Kindern. Sprachprobleme gab es für die Kinder nicht.

Karl-Uwe staunte sehr, dass es abends überhaupt nicht dunkel wurde und freute sich, dass er länger aufbleiben durfte. Wir verklebten aber die Schlafzimmerfenster, damit es wenigstens darin dunkel war und er zur Ruhe kam. Für uns Erwachsene war es zweifellos ein besonderes Erlebnis, gegen Mitternacht bei leuchtender Abendsonne im Garten zu sitzen. Über eine einsame Seitenstraße durch den Busch kamen wir nach dreihundert Kilometern nach Watson Lake. Nicht einem einzigen Auto waren wir auf dieser Strecke begegnet. Dafür waren wir an Seen vorbeigekommen, die über und über mit blühenden Seerosen bedeckt waren.

Über die weniger bekannte Cassiar Road fuhren wir in den südlichen Teil Alaskas, nach Hyder, an den sehr hohen schneebedeckten Coast Mountains entlang. Diese Straße war wirklich unwegsam. Sie war ausgewaschen, Geröll lag herum. Manchmal, vor allem in Nähe der blau schimmernden Gletscher, waren Teile der Straße weggespült und wir mussten riskante Behelfswege fahren. Aber dafür war die Route landschaftlich reizvoll und reich an Flora und Fauna.

In Hyder schien die Zeit stehen geblieben zu sein. An der staubigen Straße reihten sich alte Häuser und Geschäfte. Manche Läden hatten noch selbstgezimmerte Verkaufstheken, und am Hotel konnte man bequem in einem Schaukelstuhl sitzen und das Leben und Treiben auf der Straße beobachten.

Zurück in British Columbia, besuchten wir Agnes und Paul. Die lebten inzwischen im Busch. Sie hatten Land gerodet und sich ein Holzhaus gebaut. Das lag an einem dreißig Kilometer langen See, mit herrlichem Ausblick auf See und Berge. Die beiden hatten eine Obstplantage und einen Weinberg angelegt. Die Bäume und Sträucher trugen zwar reichlich Früchte, aber sie hatten Mühe, sie vor den Wildtieren zu schützen. Vor allem die Bären richteten immer wieder Schaden in den Weinbergen an. Mit aufgehängten Mottenkugeln konnte man sie vertreiben.

Ein Leben im Busch war für Charles etwas völlig Unbekanntes. Es gab vieles, worüber er staunte. Agnes und Paul verwöhnten Karl-Uwe. Paul war ihm Lehrmeister beim Fischen. Bei Agnes und Paul feierten wir den sechsten Geburtstag unseres Sohnes.

Als wir gesund und wohlbehalten mit unserem total verschmutzten Auto am Airport in Vancouver ankamen, hatten wir 6500 Kilometer zurückgelegt.

Als sich unser Flugzeug in die Luft erhob und ich hinunterschaute, sagte ich zu mir: "Wie klein ist der Mensch und wie eindrucksvoll und wunderbar ist unsere Erde."

Solange unser Sohn zur Schule ging, arbeitete ich verkürzt. Dadurch konnte ich Beruf und Familie gut koordinieren und wurde nicht müde für die eine oder andere Aufgabe. Die Liebe zu meinem Beruf war ungebrochen. Ich spürte eine große Zufriedenheit, wenn ich auf dem Weg zum Krankenhaus war, aber auch, wenn ich nach dem Dienst nach Hause zu meiner Familie eilen konnte.

Wo immer Menschen auf engstem Raum zusammen arbeiten, bleibt es nicht aus, dass es einmal Meinungsverschiedenheiten gibt, auch mit den Vorgesetzten. In solchen Fällen bemühte ich mich, keine voreiligen Entschlüsse zu fassen. Ich versuchte stets, die Meinungsverschiedenheiten aus dem Weg zu räumen, damit er wieder frei war für den nächsten Tag. Eine ausgeglichene und harmonische Arbeitsatmosphäre bedeutete mir viel.

Auch in der Familie versuchten Charles und ich, uns daran zu halten. Charles liebte das Wandern und das Reisen. Das gefiel mir an ihm. Die Berge übten eine starke Anziehungskraft auf ihn aus. Deshalb schloss er sich einer Bergsteigergruppe an, die es im hiesigen Sportverein gab.

Einmal nahm er an einer Klettertour im Monte Rosa Gebiet teil. Die Tour hatte einen hohen Schwierigkeitsgrad gehabt und dem Körper große Anstrengungen abverlangt. Eines Morgens wachte Charles auf und war unfähig zu laufen. Extrem starke Schmerzen in den Knien und in den Fußgelenken fesselten ihn

160

ans Bett. Die Ursache der Schmerzen konnte anfangs, trotz vieler Untersuchungen in bekannten Kliniken, nicht genau diagnostiziert werden. Es war eine langwierige Gelenkentzündung. Erst nach vielen Wochen konnte Charles unter Verwendung von Gehstützen seine Tätigkeit als Verwaltungsleiter eines Forschungsinstitutes wieder aufnehmen.

Eine trübe Stimmung befiel ihn. Er war der Meinung, er habe das Leben noch nicht ausgekostet. Die Krankheit minderte seine Lebensqualität erheblich. Er suchte den Rat eines Sportmediziners und begann daraufhin, ganz heimlich und allein, mit Geh-

und Laufversuchen. Als er spürte, dass die Schmerzen nach dem Laufen bzw. langsamen Joggen nicht stärker wurden, sondern sogar abnahmen, begann er, eisern und fleißig zu trainieren. Er wurde wieder beschwerdefrei.

Er besiegte nicht nur die Krankheit, sondern wurde durch beharrliches tägliches Training im Laufe der Jahre ein erfolgreicher Seniorensportler im Berg- und Crosslauf. Er nahm an Weltmeisterschaften teil und stand in Deutschland, Japan und den USA auf dem "Stockerl" und nahm Gold- und Silbermedaillen in Empfang.

Charles bei einem der vielen gestarteten Bergläufe

Der Sport blieb ihm Kraftquell und Ausgleich für seinen anstrengenden Beruf. Eines Abends kam er wieder einmal müde aber zufrieden vom Training heim. Es entspann sich folgendes Gespräch: "Du solltest ebenfalls etwas unternehmen. Wie wäre es, wenn du zur Skiabteilung gehen würdest?" "Willst du damit sagen, dass ich in einen Verein eintreten soll? Wie geht das? Ich kenne dort niemanden." "Du wirst dort viele sportbegeisterte Leute kennenlernen." Natürlich hatte er damit recht. Ich meldete mich in der Skiabteilung an. Es war der erste Verein, dem ich hier in Deutschland angehörte. Ich war angenehm überrascht, wie kameradschaftlich es dort zuging.

Eine der Frauen aus der Gruppe sprach mich an. Sie hieß Doris, war ein sportlicher Typ und war mir sofort sympathisch. Im Gespräch stellten wir fest, dass wir gleichaltrig waren und eine Reihe gemeinsamer Interessen hatten. Wir wohnten auch gar nicht weit voneinander. Jahrelang war ich täglich an ihrem Haus vorbeigegangen, ohne ihr zu begegnen. Sie war ebenfalls berufstätig, hatte in einer Firma eine leitende Position. Gesprächsstoff hatten wir jedenfalls ausreichend und konnten unsere Erfahrungen austauschen. Ich hörte ihr auch gern zu. Ihre Stimme hatte ein tiefen Klang. Die oft lustigen Pointen im heimatlichen Dialekt ließen sie schelmisch wirken.

Wenn ich dann versuchte, den Dialekt nachzusprechen, unterbrach sie mich und korrigierte. Aber es war vergebliche Liebesmüh. Diese "Sprache" war und blieb zu schwer für mich. Von der Sprache her blieb ich eine Fremde in dieser Gegend, aber sonst hatte ich stets den Rat meines alten Freundes, des alten Goldprospektors mit seinen bis auf die Schultern herabfallenden schneeweißen Haaren, als Richtschnur: immer dort glücklich zu sein, wo man gerade sein Nest gebaut hat.

Doris war ebenfalls verheiratet, hat aber zu ihrem Bedauern

keine Kinder. Dafür liebt und verwöhnt sie ihre Nichten. Wenn es nötig ist, kann sie mir unverblümt die Meinung sagen. Kurz nach dem Beginn unserer Bekanntschaft starb ihr Mann. In dieser für sie leidvollen Zeit entwickelte sich zwischen uns eine wunderbare Freundschaft. Eine gute, ehrliche Freundschaft ist wie ein edles Geschenk. Ich wusste ja, dass sie gern reiste. So schlug ich ihr vor, dass wir gemeinsam etwas unternehmen könnten. Es dauerte nicht lange, da waren wir ein eingespieltes Reiseteam. Wir waren im europäischen Ausland, in Kanada und in den USA, und besonders gern machten wir gemeinsame Skiausflüge. Während eines sehr langen Arbeitstages im OP., verspürte ich wahnsinnige Schmerzen in meinem rechten Knie. In letzter Zeit hatte ich schon öfter Beschwerden gehabt. Nun blieb mir nichts anderes übrig, als mich in Behandlung zu begeben. In kurzen Abständen musste ich mich sogar zweimal einem operativen Eingriff unterziehen. Trotzdem wurde ich die Beschwerden nicht los. Es fiel mir nun sichtlich schwerer, den anstrengenden und oft sehr langen Dienst im Krankenhaus zu bewältigen.

In dieser Zeit beobachtete ich, dass meine liebe Mutter immer schwächer wurde, dass sie die Kräfte verließen. Bisher war es ihr noch möglich gewesen, gestützt auf ihr Stöckchen, den Krankenhausberg hinaufzukraxeln und mich vom Dienst abzuholen. Eigentlich hatte Mutter ihren Ruhestand bei verhältnismäßig guter Gesundheit genießen können. Sie hatte viel Freude an ihren drei Enkelkindern, die sie außerordentlich liebten. Mutter war stets der Mittelpunkt der Familie. Es war ihr vergönnt, ihren 85. Geburtstag im Kreise der Familie und Freunde zu feiern.

Am 19. Oktober 1994, im Alter von sechsundachtzig Jahren, schlief sie friedlich in meinen Armen ein. Sie hatte sich auf den Tod gut vorbereitet. Mit einem letzten Händedruck nahm sie von mir Abschied.

Karl-Uwe, der sich auch als junger Mann seine sanfte Art bewahrte, litt sehr unter dem Verlust seiner Oma, die er innig liebte. Sie war in all den Jahren seine Vertraute gewesen. Er vermisste die täglichen Besuche und die Gespräche mit ihr.

Meine Kniebeschwerden belasteten mich so sehr, dass ich mich einer dritten Operation unterzog. Obwohl die Operation gut verlaufen war, verzögerte sich meine Rückkehr zur Arbeit dann durch eine langwierige und schmerzhafte Komplikation. Monate waren dabei vergangen. Ich begann wieder zu arbeiten, musste aber nach einigen Wochen erneut aufgeben. Es war sehr schwer, mir einzugestehen, dass ich nicht mehr fit war für meine geliebte Tätigkeit, dass das Alter und die vielen Arbeitsjahre ihren Tribut verlangten.

Hatte ich nicht auch manchmal als junge Schwester über die Älteren gelächelt, wenn sie über ihre gesundheitlichen Probleme klagten? Jetzt war ich selbst in dieser Situation. Man konnte sich als junger Mensch einfach das Alter mit all seinen Problemen nicht vorstellen.

Jetzt erst wurde mir bewusst, dass mein Beruf mich viel Kraft gekostet hatte. Ich hatte sie gern gegeben, und ich hatte in meinem Beruf eine große Erfüllung gefunden. Nun war es an der Zeit, sich mit dem Ruhestand zu befassen.

Das Jahr 1997 brachte mir bedeutsame Jubiläen. Es war dreißig Jahre her, dass ich aus den Vereinigten Staaten von Amerika nach Deutschland zurückgekommen war. Im Frühjahr hatten wir die Silberne Hochzeit. Am 1. Juni feierte ich meinen 60. Geburtstag und ging in den Ruhestand. Dieser Tag war es mir wert, ihn mit meiner Familie und meinen Freunden fröhlich zu feiern. Er läutete doch einen ganz neuen Lebensabschnitt ein.

Endlich konnte ich ohne Hektik frühstücken und sogar die Zeitung dabei lesen. Wenn ich auch weiterhin zeitig aufstand, konnte ich doch meinen Tag viel ruhiger angehen. Ich genoss diese neue Freiheit. Wenn ich zum Krankenhaus hinaufschaute, war keine Wehmut in mir. Ich vermisste es nicht, dachte nur gern an die Arbeit zurück.

Nun hatte ich Zeit, mein Leben zu überdenken, mich an die Orte meines Wirkens und an viele liebe Menschen zu erinnern, die einen Teil meines Weges mit mir gegangen waren.

Und wenn ich mein Leben noch einmal planen müsste?

Ich würde wieder Krankenschwester. Dieser Beruf gab meinem Leben einen Inhalt, den ich nicht missen möchte.

Nur die Unbekümmertheit meiner Jugend gab mir den Mut, im Alter von zwanzig Jahren in eine ungewisse und unbekannte Zukunft aufzubrechen.

Meine Träume gingen in Erfüllung.

"KEEP THE DREAM ALIVE"